本書の掲載内容に以下の誤りがありました。謹んでお詫び申し上げます。

P.108　Q9の回答

（誤）

A　できません。（解説文も誤り）

（正）

A　できます。

在籍型出向の場合、出向労働者は、出向元及び出向先の両方と労働契約関係がありますが、常用雇用の代替防止を前提として制度化されている「離職後1年以内の派遣禁止」についての離職とは、労働契約の土台となっている出向元との関係のみを指すからです。

根拠：労働者派遣法第35条の5、第40条の9第1項に対する厚生労働省の疑義解釈（非公表内部資料）

JN121010

実践 Q&A 方式

社会保険労務士法人すばる
人材ビジネスサポート部門 著

人材派遣の実務

こんな場合は
どう対応する？

労働新聞社

はじめに

　私ども「社会保険労務士法人すばる（以下「すばる」）」には、人材派遣に特化した人材ビジネスサポート部門という組織があります。おかげさまで現在では、東名阪地区を中心に全国で120社を超える派遣会社と継続的な労務コンサルティング契約をさせていただいております。すばるは、人材派遣業界出身者が多いという特性を生かして法律の解釈と実務上のアドバイスという両面から派遣会社をサポートするのが強みです。毎週、各担当者がコンサルティング先の派遣会社から受けた相談内容を共有する中で次の2点に気づきました。

　①　繰り返し相談を受ける内容がある

　②　法律に基づいた実際の具体的な運用はどうなるのかという相談が多い

　そして「これだけご相談が多くかつ共通したものがあるのなら、その内容をまとめて書籍として出せば派遣業界で働く皆様のお役に立てるのではないか。」という声が挙がりました。さらに「実務に即した内容の本を出せば、派遣先や派遣社員との調整に日々奮闘している派遣会社の営業担当者やコーディネーターなどに喜んでいただけるのではないか。」といった意見も出ました。

　すでに労働者派遣に関する書籍は多数出ていますが、それらは労働者派遣法についての専門書、派遣事業の許可・申請に関する内容が中心で、派遣の現場で行われていることに触れている実務書はほぼありません。もちろん法律を体系的に学ぶのも有効でしょうが、法律上努力義務となっていたりする事項についてはどの程度まで対応すればよいのか、判断基準に迷われ悩んでいる担当者の方も多いのではと思われます。

　そこで本書は、派遣会社の営業担当者やコーディネーターなどの方々の実務に役立つ内容となることを目指しました。法律の専門書のように全条文を網羅して万遍なく説明するのではなく、よく質問を受ける事項を中心にページを割いております。派遣業務に関するすべての項目を網羅するのではなく、派遣会社の実務を担当する上で重要なポイントが身につくことを意識しました。

　新たに派遣会社の営業担当者やコーディネーターとして働き始めた人や、2、3年経験を積まれた方が一読すれば、派遣社員の登録から派遣先企業との対応までの基本知識を身につけることができます。新入社員や中途入社の

方々の研修用のテキストとして利用されるのもよいかもしれません。

　なお、本書は登録型派遣を中心に行う派遣会社を前提として執筆しましたが、同一労働同一賃金や派遣先への対応などの部分については、常用型派遣との共通点も多々ありますので、いわゆる正社員派遣（常用型派遣）を行う派遣会社で働く営業やコーディネーターの方々にも役立つ内容かと考えております。

　本書は2部構成になっております。第1章はQ&A方式で労働者派遣法の基本的な知識や派遣事業を行う上で関わりがあるその他の法律（労働基準法・職業安定法等）に則り解説したほか、実務上の留意すべき点なども盛り込みました。Q&Aとその解説以外にも、一歩踏み込んだ"深読み"、人材派遣業界の実情と対応例、さらに私どもの想いを込めた"コラム"という項目も立てて説明しております。最低限このレベルは押さえたほうがよいのではという目安が一読すればわかるようになっています。

　第2章は、私どもがコンサルティング先から実際に受けた相談の中から123問を厳選して簡潔に回答しています。日常業務の"虎の巻"としてベテランの営業担当者やコーディネーターでも困ったときに利用できる内容かと考えております。

　日頃、派遣先企業担当者又は派遣社員から質問・相談を受けている方にとって、本書が少しでもお役に立てれば幸いです。

　最後に、本書の発刊行にあたり戸嶋社会保険労務士事務所代表戸嶋陽子氏には多大なご協力いただき、心から感謝を申し上げます。

2023年11月

　　　　　　　社会保険労務士法人すばる　人材ビジネスサポート部門

　　　　　　　　　　　　　　　　　　　　　香田　史朗

　　　　　　　　　　　　　　　　　　　　　佐藤　敦規

　　　　　　　　　　　　　　　　　　　　　小泉　慶和

　　　　　　　　　　　　　　　　　　　　　青木　　恵

　　　　　　　　　　　　　　　　　　　　　和田　幸久

－目次－

第1章　派遣実務でおさえるべき基本のキ

第2章　こんな場合はどうする？（派遣実務で迷うポイント）

第1章
派遣実務でおさえるべき基本のキ

I　派遣の形態

Q1　「登録型派遣」と「常用型派遣」は何が違うのでしょうか？

A　有期か無期かという雇用形態の違いがあります。

解説

　いわゆる「登録型派遣」とは、派遣会社が、派遣社員としての就業を希望する者をあらかじめ登録しておき、労働者派遣をするときに、登録者と期間の定めのある労働契約（雇用期間＝派遣期間）を締結し、有期雇用派遣社員として労働者派遣を行うことをいいます。本書では、登録型派遣に関する内容を中心に Q&A を作成しています。これに対し、いわゆる「常用型派遣」とは、一般に、派遣会社が社員を無期雇用し、その社員を派遣することをいいます。

　人材派遣業界では、「常用型派遣社員」という呼び方よりも「無期雇用派遣社員」という呼び方のほうが一般的かもしれません。なお、この無期雇用派遣社員にも、学校を卒業したばかりの者又は第二新卒者等、まだ社会人経験の少ない若者が、一定期間教育研修を受けたのち、派遣社員として継続的に複数の派遣先で就業する形もあれば、当初は登録型の有期雇用派遣社員として同一の派遣先で就業した後、雇用安定措置等で無期雇用派遣社員に転換する形もあります。

　「労働者派遣法」ができてから、もう 30 年以上経過しています。当初は、ホワイトカラー系の業務しか派遣ができなかったこともあり、若い女性が中心となって「有期雇用派遣社員」として活躍されていましたが、現在は、派遣可能な業務が大幅に増えたこともあり、年齢・性別を問わず、幅広い人材が登録型派遣・常用型派遣で活躍しています。

派遣会社は登録の申込みを断ることができるのか？

　　登録型派遣社員として働きたい人は、まず派遣会社への登録が必要となります。数年前までは自宅等の最寄りの派遣会社の支店に履歴書等を持参して出向いての登録が主でした。しかし、今は自宅からオンラインで登録を行うことが主流になっています。

　そうであっても、「本人のレスポンスや対応が悪い」等色々な事情があり、時々派遣会社の担当者から「登録を断ることは法律上可能ですか？」との相談を受けることがあります。労働者派遣法上、登録に関する定めはないため、断ることは可能です。

　しかし、断られた本人から、「なぜ断るのか、その理由を教えろ。」といったクレームが来る可能性があります。そのようなことから、多くの派遣会社では、実際に仕事を紹介する・しないは別として、ひとまず登録だけは行っているのではないでしょうか。ちなみに、仕事の紹介ができないまま一定の期間（例えば 7 年間）が経過すると、自動的に登録を抹消している派遣会社も少なからずあります。

Ⅱ　労働者派遣事業の規制

1　派遣禁止業務 （労働者派遣法第4条）

Q2　どのような業務でも労働者派遣は可能ですか？

A　労働者派遣法で派遣が禁止されている業務と一部制限がある業務以外は、派遣することが可能です。

解説

　労働者派遣法が制定された当初は、ポジティブリスト方式（派遣可能な業務を限定するもの）がとられており、派遣可能な業務は、13業務（のちに16業務）に制限されていました。その後、16業務から26業務、製造業務等と規制緩和の流れに乗り、派遣可能業務がどんどん増えていきました。このように時代の変遷を経て、現在は、ネガティブリスト方式（派遣禁止業務を限定するもの）となり、一部の業務を除き、ほとんどの職種で派遣が可能になりました。令和5年10月時点で派遣が原則禁止されている業務（適用除外業務）は、次のとおりです。

① 港湾運送業務

② 建設業務

③ 警備業務

④ 病院・診療所等の医療機関等における医療関係（医師、薬剤師、看護師、管理栄養士、放射線技師等）の業務（ただし、社会福祉施設等における業務を除く）

| 港湾運送業務 | 建設業務 | 警備業務 | 医療関係業務 |

また、適用除外業務以外の一部制限がある業務は、以下のとおりです。

・弁護士・司法書士・公認会計士・税理士・土地家屋調査士・社会保険労務士等士業の業務

・建築事務所の管理建築士の業務

・人事労務関係のうち団体交渉又は労働基準法に規定する協定締結のための労使議議の際に使用者側の当事者として行う業務

①、②、③において禁止されているのは、「派遣先の事業」ではなく基本的に上記の「業務」そのものです。したがって、禁止されていない業務であれば、派遣先が建設会社、警備会社であっても、問題なく労働者派遣を行うことができます。例えば、工事の施工計画を作成し、それに基づき工程・品質・安全管理等を行う、いわゆる施工管理業務は、②の建設業務に該当せず、労働者派遣を行うことができます。これに対し、④の医療関係業務の場合は、その医療行為を行う場所が問題となります。病院等・助産所・介護老人保健施設・患者の居宅へは派遣できませんが、老人ホーム等社会福祉施設への労働者派遣は可能です。また、弁護士・司法書士等の士業の業務について禁止されて

いるのは、これらの国家資格を持って行う業務は、依頼主から業務の委託を受けて行うため、他人から指揮命令を受ける派遣の形態にはなじまないからです。

　このほか、労働者派遣法では禁止されていない業務であっても、他の法律によって規制があり、事実上派遣ができない業務があります。

深読み　なぜ、建設業務や警備業務への派遣は禁止されているのでしょうか？

　建設業務に関しては、一般的に元請、一次下請け、二次下請けというように多重構造で業務が成り立っていることから指揮命令系統が曖昧になるため派遣になじまないことが禁止されている理由です。そのため「建設労働者の雇用の改善等に関する法律」という別の法律で禁止されています。警備業務に関しては、例えば夜間の警備業務をする際に、指揮命令者がいないことにより派遣社員がもし不審者を発見しても指揮命令を受けられず何もできないこと等、間接的雇用とされている派遣では警備業務が成り立たないこともあり、「警備業法」で禁止されています。

深読み　禁止業務を派遣先が派遣社員に行わせた場合どうなるのですか？

　派遣会社に対しては、「1年以下の懲役又は100万円以下の罰金」という罰則がありますが（労働者派遣法第59条第1号）、派遣先に対してはそのような罰則はありません。しかし、社名が公表される恐れがあります。また、派遣先は、「労働契約申込みみなし制度」の適用をうける可能性があります。詳細はP.17をご覧ください。

2　請負

派遣と請負はどう違いますか？

A 簡単に言うと契約の目的が異なります。
派遣は「人材を派遣すること」を目的とするもので、請負は「業務を完成させること」を目的とするものです。

解説

■請負とは

請負とは、「当事者の一方がある仕事を完成することを約し、その報酬を支払う」ことを約束する契約をいいます（民法第632条）。労働者派遣との違いは、注文主と労働者の間における指揮命令関係の有無です。指揮命令関係があれば労働者派遣契約、なければ請負契約となります。

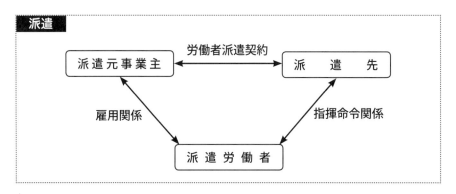

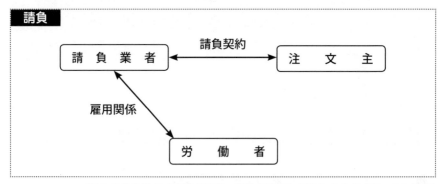

（厚生労働省作成「労働者派遣・請負を適正に行うためのガイド」より抜粋）

　両者の区分を的確に判断するため、「労働者派遣事業と請負により行われる事業との区分に関する基準」（昭61・4・17労働省告示第37条）が定められており、この基準によると、請負とみなされるためには、事業運営上の独立性と労務管理上の独立性を満たす必要があります。

　事業運営上の独立性と労務管理上の独立性について具体的に示すと以下のとおりです。

1．事業運営上の独立性とは
- 業務遂行に関する指示・管理を自ら行うこと
- 業務遂行に関する評価等の指示・管理を自ら行うこと
- 業務処理に要する資金を自ら調達し、支払うこと
- 機械、設備、器材を自ら調達し、材料や資材により業務を処理すること
- 自らの企画や専門的な技術・経験をもとに業務を処理すること
- 業務処理について、法律に規定された全責任を負うこと

2．労務管理上の独立性とは
- 労働者の始業・終業、休憩時間・休日・休暇等に関する指示・管理を自ら行うこと
- 労働者の労働時間の延長や休日出勤における指示・管理を自ら行うこと
- 労働者の配置・変更を自ら行うこと
- 服務規律の維持・管理を自ら行うこと

Q4 よく言われる業務委託とは、どのような契約ですか？

A 業務の成果を形にするのではなく、注文主から任された業務を期間中責任をもって行う契約で、業務の処理量及び処理時間に対して対価が支払われます。

解説

業務委託は、請負と同じように、注文主が受託会社の雇用する労働者に対して指揮命令する権限はなく、業務処理に関して受託会社は注文主から独立して業務を行います。ただし、業務委託は請負のように完成物の納品等をしなければならないといった責任はなく、受託会社が充分に注意を払った上で決められた時間内に業務を処理する責任を負うことになります。

業務委託も請負と同様に労働局の適正な指導の対象となりますが、法律的には、民法第656条の「準委任」と解釈されています。

COLUMN　請負・業務委託も行っている派遣会社の特徴とは？

派遣契約は、労働者派遣法による詳細な規制を受けますが、請負契約や業務委託契約については、その詳細を規制する法律はありません。したがって、ある程度の規模の業務処理についてのノウハウがある派遣会社は、期間制限もなく法的な対応も細かく考えなくてよい請負契約や業務委託契約を締結し、長期的かつ安定的な売り上げを確保しています。

派遣会社の状況をお話しすると、一般的に製造業務に関しては請負契約、事務処理業務やコールセンター業務に関しては業務委託契約を締結しています。例えば、事務処理業務の中には、皆さんがよくご存じの区役所や市

役所の住民課・戸籍課等の窓口業務があり、派遣会社が業務委託契約で受託しています。

Q5 いわゆる偽装請負とは、何ですか？

A 　労働者派遣法の適用を逃れる目的で、実態は派遣であるにも関わらず、請負・業務委託の名目で契約を締結している状態を言います。

解説

偽装請負の具体的な例としては、
① 注文主なのに、派遣先のように請負業者の労働者に指揮命令を行う。
② 注文主が、業務を処理する請負業者の労働者の配属・管理を行う。
③ 成果物単位、業務処理単位ではなく、基本的に請負業者の労働者の労働時間単位で報酬が支払われる。
というように、契約は請負・業務委託になっているのに実態が派遣である状態が挙げられます。

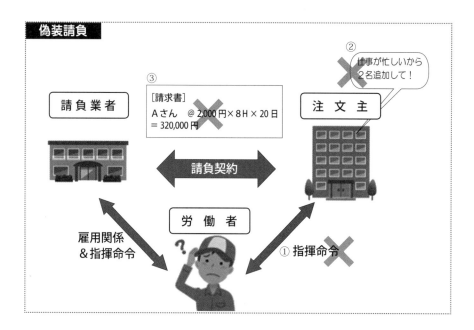

　偽装請負と労働局が認定した場合には、そこで就業する労働者が労働契約申込みみなし制度の対象となります。

　ここで、「労働契約申込みみなし制度」について、少し解説します。

■労働契約申込みみなし制度（労働者派遣法第40条の6）

　違法な派遣が行われた場合に派遣先に適用される制度です。派遣先が違法と知りながら労働者派遣を受け入れていた場合、派遣先が派遣社員等に対して労働契約の申込みをしたとみなされ、派遣社員等の承諾により派遣先と派遣社員との間に労働契約が成立します。

　具体的には、以下の状況において労働契約申込みみなし制度が適用されます。

　１．派遣労働者を禁止業務に従事させた場合
　２．無許可の派遣会社から労働者派遣を受けた場合
　３．事業所単位の期間制限に違反して労働者派遣を受けた場合

> 4．個人単位の期間制限に違反して労働者派遣を受けた場合
> 5．偽装請負等

　ただし、派遣先が違法派遣に該当することを知らず、かつ知らなかったことに過失がなかった（善意無過失）と判断された場合には、この制度は適用されません。

■労働契約申込みみなし制度が適用された場合

　労働契約申込みみなし制度が適用された場合、みなされた日から1年以内に派遣社員が派遣先からの申込みに対して承諾の意思を示すことにより、派遣先と派遣社員との間に労働契約が成立し、その労働契約の内容は、違法行為時点における派遣会社と派遣社員との間の労働契約と同一となります。なお、労働契約申込みみなし制度は「労働契約を申し込んだとみなす」ものであって、「雇用したとみなす」ものではないので、派遣社員が1年以内に承諾しなかった場合には労働契約が成立しません。

COLUMN　労働契約申込みみなし制度は、本当にペナルティ制度？

　経団連が「企業の採用の自由に反する」とこの制度の導入に猛反対した経緯があります。しかし、最近はどこの企業も求人難ということもあり、「派遣先が故意に違法行為を行って、同制度にしたがって優秀な派遣社員を社員として受け入れてしまうことのほうが心配だ。」という話を派遣会社の役員から聞いたことがあります。この制度は、現在では派遣先に対するペナルティではなく、新たな社員採用の手段になってしまう恐れがあります。そうならないためにも、日頃から派遣期間・業務内容・偽装請負のチェックが必要といえるでしょう。

3　二重派遣

　「二重派遣」って、どういう状態を指しますか？

A　派遣先が受け入れた派遣社員を別の企業へ派遣することです。二重派遣は労働者派遣法違反ではなく、職業安定法違反となります。

解説

■二重派遣となるケース

　二重派遣とは、派遣社員を受け入れた派遣先が、自社の業務に就労させることなく、さらに別の会社へ派遣して就業させる行為のことです。派遣された派遣社員をさらに派遣する形態であるため、二重派遣と呼ばれています。

　雇用関係のない労働者を自己の支配従属関係の下で他社へ派遣し、労働者は他社の指揮命令を受けることになるため、これは労働者を他に供給しているだけということになります。その供給に事業性があると判断された場合は、労働者供給事業に該当し、職業安定法第44条違反となります。

二重派遣の例

　派遣会社はA社と派遣契約を結んでA社へ派遣したつもりが、実際は派遣社員がB社で就業するケースです。多重構造のシステム開発等の現場で発生することがあります。

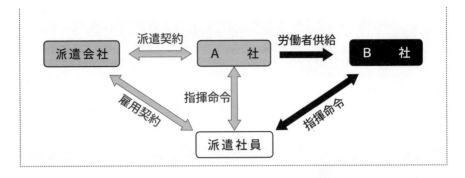

■二重派遣にならないケース

A社（請負業者・受託会社）がB社（注文主）と請負契約若しくは業務委託契約を締結し、その業務を遂行するために、派遣会社から派遣社員を受け入れてA社の指揮命令の下で就業するケース（以下の図）は、二重派遣に該当しません。

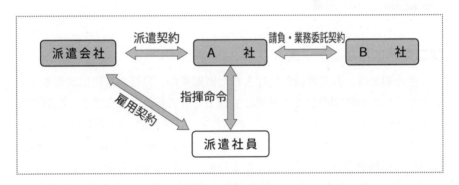

出向社員を派遣社員として就業させることは可能ですか？

一時期コロナウイルス感染拡大の影響を受けて、経営不振になった企業が業績好調の企業へ社員を出向させるというニュースがありました。同時期に、「余剰人員を抱えた企業が社員を派遣会社に出向させ、派遣会社が出向者として受け入れた社員を派遣社員として就業させることは可能か？」という相談もありました。当時、労働局に尋ねてみたところ「社員の雇用を守る目的であれば可能」という見解でした。しかし、

コロナウイルス感染が収束する中、同じ質問をしたところ、二重派遣（労働者供給事業）と判断されるので、認められないという回答でした。当時認めたのはあくまでも特例だったようです。

4　日雇派遣（労働者派遣法第35条の4第1項）

Q 7 日雇派遣って、どのような派遣形態ですか？

A 雇用期間が30日以内で、1週間の労働時間の合計が概ね20時間未満の雇用契約を指し、原則禁止されています。

解説

■日雇派遣の原則禁止

　短期間となる日雇派遣については、派遣会社・派遣先で適正な雇用管理がされず、派遣社員の保護が図れないといった理由で原則禁止されています。

　派遣社員の雇用期間が31日以上である場合であれば、日雇派遣にあたらないため、派遣会社と派遣先との間の労働者派遣契約の期間が30日以内であったとしても、労働者派遣は可能です。ただし、形式上派遣会社との雇用契約の期間が31日以上あっても、就業する日数が著しく少ない（例えば、「就業日が1日だけ」や「契約の初日と末日だけ」等）ときは、脱法行為とみなされ、労働局の指導の対象となります。

　また、原則禁止ですから、例外として日雇派遣が可能なケースもあります。

■日雇派遣の原則禁止の例外

禁止の例外には、大きく分けて業務と労働者の属性の2種類があります。

① 専門的知識、技術又は経験を必要とする業務のうち、適正な雇用管理に支障を及ぼす恐れがないもの

日雇派遣の原則禁止の例外業務 （労働者派遣法施行令第4条第1項）
第1号 情報処理システム開発関係
第2号 機械設計関係
第3号 機械操作関係
第4号 通訳・翻訳・速記関係
第5号 秘書関係
第6号 ファイリング関係
第7号 調査関係
第8号 財務関係
第9号 貿易関係
第10号 デモンストレーション関係
第11号 添乗関係
第12号 受付・案内関係
第13号 研究開発関係
第14号 事業の実施体制の企画、立案関係業務
第15号 書籍等の制作・編集関係
第16号 広告デザイン関係
第17号 OAインストラクション関係
第18号 セールスエンジニアの営業、金融商品の営業関係
第19号 看護業務関係

② 雇用機会の確保が困難であると認められる労働者（労働者派遣法施行令第4条第2項。労働者の属性）

- 60歳以上の人

- 雇用保険の適用を受けない昼間学生（大学、高等専門学校、高等学校、専修学校、各種学校）※
  ※定時制・通信制の学生、休学中の者等は含まれません。
- 500万円以上の年収があり、副業として日雇派遣に従事する人
- 本人が「主たる生計者以外の者」で、家族の世帯年収が500万円以上あり、世帯収入に占める本人の収入が世帯全体の50％未満の人

第8号財務関係業務が90％、それに付随する業務（例えば、書類のコピー取り等）が10％の場合も日雇派遣の原則禁止の例外業務として認められますか？

　残念ながら、付随する業務が少しでも入ると例外業務としては認められません。例外業務のみの仕事はかなり少ないため、大手事務系派遣会社の中には、「日雇派遣」を受注しないところもあります。

日雇派遣可能な「主たる生計者以外の者」というのは一体誰なのですか？

　　　例）夫、妻、大学生の子供が1人の3人家族で説明します。

　　　　　夫　　：　正社員　　　昨年の年収　400万円
　　　　　妻　　：　パート社員　昨年の年収　100万円
　　　　　子ども：　アルバイト　昨年の年収　　30万円

　家族の世帯年収は530万円ですので、「世帯年収500万円以上」の条件はクリアします。
　そして、「本人の収入が世帯全体の50％未満」とは、530万円の50％未満、つまり、この世帯における265万円未満の収入の人が日雇派遣禁止の例外として日雇派遣が可能です。このケースで言えば、妻と子どもについて日雇派遣が可能となります。夫は年収265万円以上であり、主たる生計者にあたるため、日雇派遣は認められません。

派遣先から派遣契約を1週間だけ延長してほしいと言われた場合、新たに延長分の契約を締結すると日雇派遣に該当するのでしょうか？

　延長された1週間のみの派遣契約を交わすと、いわゆる登録型の派遣社員の場合、派遣期間と雇用期間が同一であるケースがほとんどであるため雇用期間が1週間となります。この場合は、日雇派遣に該当します。そのため、延長が分かった時点で、当初の派遣期間に延長される期間をプラスした契約の巻き直しが一般的なようです。

「日雇い」という働き方が認められているケースはどのようなものですか？

　　日雇いという働き方は、労働者派遣では原則認められていませんが、日々仕事を紹介する有料職業紹介や直接雇用による日雇の就労は禁止されていません。例えば、デパートの売り場へ催事の時に数日だけ販売スタッフを紹介するケース（マネキン紹介）や業務委託契約の現場でイベントのスタッフを当日だけ直接雇用するケースなどがあります。

COLUMN　500万円以上の根拠は？

　労働者派遣法が改正された2012年当時、日雇派遣は雇用が不安定であり、また生活に困窮する働き方であると、かなり否定的に捉えられていました。しかし、標準生計費の2倍程度の年収がある人であれば、普段の生活に困窮していないだろうから、副業的な位置づけとして日雇派遣を認めても問題ないと判断されました。そして、当時の標準生計費の2倍程度の年収というのが500万円だったわけです。なお、「副業が広く認められている時代において、この年収制限を続けるのはおかしいのではないか。」とか「年収500万円以下の人達が働く選択肢のひとつとして日雇派遣を自由に利用できるようにすべきではないか。」という声はよく聞かれます。

日雇派遣が可能かどうかの労働者の属性の確認は、
どのようにすればいいですか？

A 　派遣会社が、証明書類の原本及びコピーを確認する必要が
あります。例えば、住民票、運転免許証、学生証、本人又は
家族の所得証明書、源泉徴収票の写し等の書類を確認します。

■日雇派遣の対象者の確認

　派遣会社は、日雇派遣に該当する労働者に対してどのような書類により確
認を行ったのか、その方法を派遣元管理台帳に記録しておく必要があります。

　現在、日雇派遣を行っている派遣会社では、派遣社員が証明書類を提出し
ない場合には、厳格に就業させない運用もあります。これに対し、本人から
ひとまず誓約書をとり、派遣が終了した後に証明書類を提示してもらうよう
な運用もあります。

　なお、証明書類の確認をせず、誓約書だけとるといった運用は、労働局の
指導の対象となりますので、ご注意ください。

年　　　月　　　日

<u>○○○スタッフ株式会社　　御中</u>

日雇派遣の例外に関する誓約書

【住　　　所】

【生年月日】

【氏　　　名】

　私は、以下の要件に該当することを自ら確認の上、本書面にて申告し、申告内容に相違がないことを誓約します。なお、就業後、源泉徴収票等エビデンスの用意ができ次第、貴社へ提示いたします。

◆以下の該当する要件すべてに○をつけてください。

● 私は学生であり、次のいずれにも該当いたしません。

① 学校を卒業予定で現在就業しており、卒業後も引き続き同じ事業所で雇用される予定である。

② 休学中である。

③ 夜間その他、特定の時間・時期に学習を行う定時制又は通信制の課程で在学している。

④ 所属している会社の指示により、会社と雇用関係を継続したまま大学院等に在学している。

⑤ 出席日数を修了の要件としない学校に在学しており、事業所内の他の労働者と同様に勤務している、または、勤務可能と判断できる。

● 本日において、私の年齢は満60歳以上です。

● 私の前年の本業の年間収入は500万円以上です。

● 私の世帯全体の前年の年間収入は500万円以上で、私は世帯の主たる生計者ではありません。

　なお、上記の申告に虚偽があった場合には、貴社の指示に従い、不服の申し立てはいたしません。

5　離職後 1 年以内の派遣禁止（労働者派遣法第 40 条の 9）

　派遣先を 6 カ月前に退職した社員を、この派遣先へ派遣することはできますか？

A　原則として、派遣することはできません。

　派遣会社は、派遣先を離職した後 1 年を経過しない労働者を派遣社員としてこの派遣先へ派遣をしてはいけません。

　離職した社員の派遣での受入れは、本来直接雇用すべき社員を派遣社員へ置き換えることにより、直接雇用の社員を減らし人件費を削減することを防ぐ目的から、労働者派遣法で禁止されています。ただし、例外として、60 歳以上の定年退職者については、定年退職後の雇用機会の確保のため認められています。

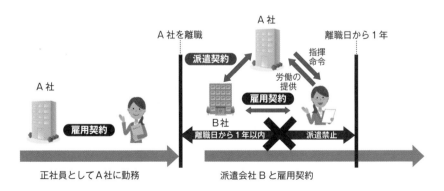

■離職前がパート社員の場合

　離職前の雇用形態を問わず適用されますので、正社員だけでなく、契約社員・パート・アルバイトなどであっても直接雇用されていれば規制の対象となります。また勤務していた期間も問われないので、1日でも直接雇用として働いた経験があれば、その企業で1年以内は派遣社員として働くことができません。

深読み 離職後1年以内であるかどうかよく分からない場合はどうすべきでしょうか？

　　　　　派遣会社は、本人から職務経歴を聞くだけなので、派遣先の直接雇用であったかどうかはわかりません。また、頻繁に職場を変えていて本人自身もよくわからないことがあります。そのような場合には、派遣会社から派遣先へ事情を説明し、直接確認いただくことがベストです。もし、本人が派遣先で1年以内にアルバイト等で働いていたことが判明した場合には、派遣先は派遣会社に対して速やかに通知する義務があります。

COLUMN　　この規制に意味があるのか？

　この法律ができた当時は、人件費削減のために会社が社員の肩を叩き、その社員が退職した後に再度声をかけ、派遣社員として元の職場へ戻すというような事例がありました。現在は大きく状況が変わり、派遣社員の賃金も上昇し、また同一労働同一賃金の考え方も導入され、派遣契約の方がコスト的に安いということがなくなったため、このような事例は聞かなくなりました。そのため、職業選択の自由の観点から、見直しの必要があるかもしれません。

6　グループ会社への派遣の規制（労働者派遣法第23条の2）

Q10 グループ会社への派遣が会社の派遣全体の8割を超えていると指導されますか？

A 労働者派遣法では派遣会社の経営を左右することができる親会社や資本関係があるグループ会社（関係派遣先）への派遣割合が全体の8割以下となるようにしなければならないとされているため、指導の対象となります。

解説

　グループ会社への派遣（いわゆるグループ内派遣）とは、企業が派遣会社を子会社として設立し、その派遣会社が親会社及びそのグループ会社へ労働者派遣を行うことをいいます。人材派遣が特定企業の労働力供給源になることで、正社員の雇用が阻害される上、派遣会社の本来の労働力の需給調整機能も果たせなくなるため、グループ内派遣に関しては、8割以下という規制があります。

　関係派遣先としての「グループ会社」とは、派遣会社の議決権の過半数を所有しているか、資本金の過半数以上を出資しているか等で判断されます。

■関係派遣先への派遣割合の計算式

　派遣会社は、事業年度終了後3カ月以内に「関係派遣先派遣割合報告書（様式12号－2）」を労働局に提出しなければなりません。関係派遣先派遣割合報告書に記載する数値は、次の計算式で算出します。

$$派遣割合 = \frac{関係派遣先で就業する全派遣社員（60歳以上の定年退職者を除く）の総労働時間}{全派遣社員の総労働時間}$$

派遣先企業数ではなく、派遣社員の労働時間数で算出します。

COLUMN　8割規制は本当に必要なの？

　グループ内派遣を行っている派遣会社は、人材ビジネス業界では資本系の派遣会社と呼ばれています。資本系の派遣会社は、親会社と同じ水準の福利厚生もあり一般的に手厚いフォローが特徴で、そのメリットを感じ、資本系の派遣会社で働きたいという声もあります。また、派遣社員が派遣先でトラブルに巻き込まれた場合、同じグループ内の会社ということで、状況の把握もしやすいことから、迅速に対応してくれるという話も聞きます。このような規制をかけていることに意味がないとの意見は経団連側からもほぼ毎年挙がっており、そろそろこの規制について廃止を含めた本格的な議論が出ても良いのではないでしょうか。

Ⅲ　同一労働同一賃金（労使協定方式等）

Q11　派遣社員の同一労働同一賃金はどのように実現しますか？

A　雇用形態の違いによる待遇の格差をなくす目的で、派遣社員の待遇決定に関して、派遣先均等・均衡方式又は労使協定方式をとることにより実現します。

解説

　2020年4月から労働者派遣法が改正され、派遣社員についても同一労働同一賃金の考え方が導入されました。派遣における同一労働同一賃金の基本的な考え方は、いわゆる正社員と派遣社員の違いによる待遇の格差をなくすことです。派遣先の社員等と同じ仕事をする派遣社員について、派遣先の社員等と比較して不合理な待遇差が生まれないようにすることを目的として、派遣社員の賃金等の待遇について、派遣会社が以下のいずれかの方式をとることが義務化されました。

　派遣社員の待遇決定方式は2つありますが、それぞれの方式について簡単に説明します。

【派遣先均等・均衡方式】

　派遣先において派遣社員と同じ仕事をする正社員・契約社員・アルバイト

等を探し、その人の賃金や賞与、手当、その他の待遇を書面で派遣先からもらい、その人と同じ待遇で派遣社員が働く方式です。

【労使協定方式】

　厚生労働省から公表される一般労働者の平均的な賃金額を基に派遣会社がその賃金額以上の自社の賃金テーブルを作成し、それが記載された「労働者派遣法第30条の4第1項に基づく労使協定」を労働者代表と締結して待遇を決定する方式です（この労使協定方式については、Q13にて詳しく解説いたします。）。

 派遣会社は、派遣先均等・均衡方式と労使協定方式のどちらを選択していますか？

A 約9割の派遣会社が労使協定方式を選択しています。

解説

　特に事務系職種をメインとする派遣会社は、ほとんどの会社が労使協定方式を採用しています。その理由は、派遣会社が自ら派遣社員の賃金等その他の待遇を決定したいからです。

深読み なぜ、派遣先均等・均衡方式はあまり採用されないのでしょうか？

　その理由は、次のとおりです。

《派遣先の理由》

- 自社の社員の給与等細かな待遇情報を派遣会社に知らせることを好まない。
- 契約締結前に派遣先として細かな待遇情報の提供をすることがとても手間である。

《派遣会社の理由》

- 派遣社員の待遇が派遣先ごとに変更になることを好ましく思わない。

　派遣先均等・均衡方式の場合には、派遣先によって派遣社員の賃金等が都度変更されることになります。そうなると派遣社員としては、待遇のよい大企業等の派遣先のみで働くことを希望し、待遇があまりよくない派遣先で働くことを嫌がると考えられるからです。

では、多くの派遣会社が採用している労使協定方式とは、どんな方式でしょうか？

A　「労働者派遣法第 30 条の 4 第 1 項に基づく労使協定」を派遣会社と労働者代表が締結して、派遣会社が派遣社員の待遇を決定する方式です。

解説

　厚生労働省職業安定局から年 1 回、毎年 8 月から 9 月頃に公表される局長通達には、職業安定業務統計、賃金構造基本統計調査に基づく職種ごとの一般労働者の平均的な賃金額が提示されており、派遣会社は、その賃金額以上の自社の賃金テーブルやその他の待遇を含めた「労働者派遣法第 30 条の 4 第 1 項に基づく労使協定」を作成します。この労使協定を労働者代表と締結して、

派遣社員の待遇を決定するもので、この協定の労働条件に基づいて派遣社員は働くことになります。

　締結する労使協定の内容として定めなければいけないことは、次のとおりです。

---

① 　労使協定の対象となる派遣社員の範囲
　　対象となる派遣社員の範囲を派遣労働者の一部に限定する場合はその理由を明示すること

② 　賃金の決定方法
　ア　派遣社員の業務と同種の業務に従事する一般労働者の平均的な賃金の額と同等以上の賃金額であること
　イ　派遣社員の職務に関して向上があった場合に、賃金が改善されるものであること

③ 　派遣社員の職務に関して公正に評価して賃金を決定すること

④ 　労使協定の対象とならない待遇（派遣先の教育訓練及び福利厚生施設）及び賃金を除く待遇を決定すること（例：慶弔休暇）

⑤ 　派遣社員に対して段階的・体系的な教育訓練を実施すること

⑥ 　労使協定の有効期間

⑦ 　特段の事情がない限り、1つの労働契約期間中に派遣先の変更を理由として、協定対象となる派遣労働者であるか否かを変えようとしないこと

　上記の記載内容で最も重要な点が②アの下線部「派遣社員の業務と同種の業務に従事する一般労働者の平均的な賃金額と同等以上の賃金額であること」です。

　具体的には、次の図のように「基本給（時給 or 月給）及び賞与」、「通勤手当」「退職金」を個別に比較することになります。

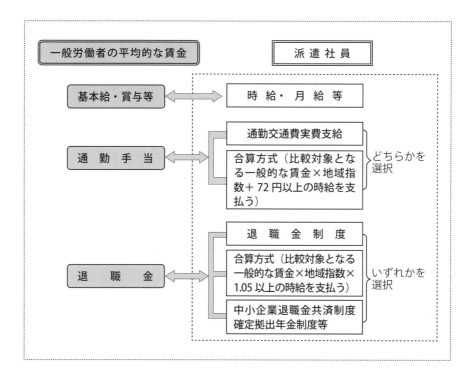

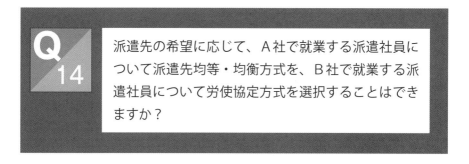

派遣先の希望に応じて、A社で就業する派遣社員について派遣先均等・均衡方式を、B社で就業する派遣社員について労使協定方式を選択することはできますか？

A 派遣先の希望に応じて、派遣先ごとに派遣社員の待遇決定方式を変更することは、認められません。

解説

　派遣会社が待遇決定方式を決め、その方式に基づき派遣社員の待遇が決定されますので、派遣先ごとに変更することはできません。

　ただし、次の２つのパターンでは、法律上問題なく派遣先均等・均衡方式と労使協定方式の併用が可能です。

①　派遣会社に事業所が複数あり、その事業所単位でそれぞれ待遇決定方式を決めることは可能です（下図B）。

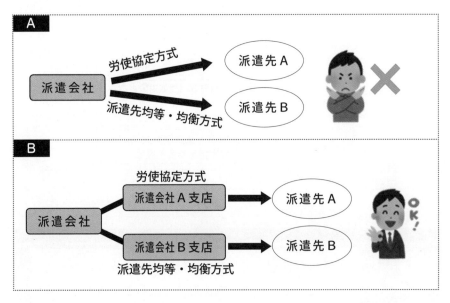

②　同一事業所内で待遇決定方式を分けたい場合に、雇用区分や職種によって分けることは可能です。

【法律上問題ない例】

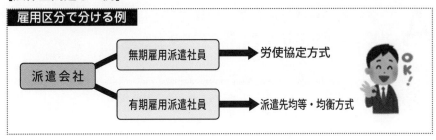

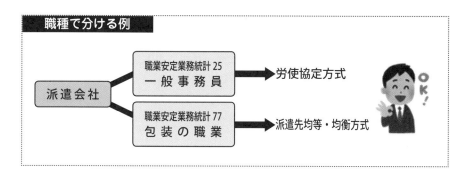

※実際にはあまりない事例ですが、派遣先が労使協定方式の派遣会社とは
　今後取引をしないというような方針変更をした場合に、現在就業中の派
　遣社員に関してのみ、雇用の安定を図る目的から派遣社員の同意の下、
　派遣先均等・均衡方式を採用することは例外的に認められています。

Q15 労使協定作成のポイントは何でしょうか？

A 　労働者派遣法で定められた必要事項を記載した上で、派遣
契約の実態に即して、派遣社員にわかりやすく作成すること
がポイントです。

解説

労使協定作成のポイントについて具体的に解説します。
特に重要な点は、「3．職種・職務ごとの賃金テーブル（別表2）の検討」です。
すばるでは、実際に以下の手順で作成していきます。

1．比較対象となる一般的な賃金を選択します。

　局長通達（職業安定業務統計、賃金構造基本統計）から、現在派遣している職種と地域、また今後派遣する予定の職種と地域を選びます。どちらの統計を採用しても問題はありませんが、ハローワークの求人情報の職種を反映させた職業安定業務統計を採用する派遣会社が多い状況です。2つの統計を混合して使用することも可能ですが、その場合は理由の記載が必要となります。

2．退職金、通勤手当の支給方法を決定します。

　自社の賃金テーブルを作成するにあたり事前に検討する項目は、以下のとおりです。

　A　退職金制度を採用するか、それとも合算方式（比較対象となる一般的な賃金×地域指数× 1.05 以上の時給を支払う）を採用するのか？

　B　通勤手当を実費支給するか、それとも合算方式（比較対象となる一般的な賃金×地域指数＋ 72 円以上の時給を支払う）を採用するのか？

3．職種・職務ごとの賃金テーブル（別表2）について検討します。

　賃金テーブル作成にあたっては、**職務に基づく能力・経験年数をあてはめて**職種ごとに職務ランクを設定します。

　「あてはめる」とは、「この職種のこの職務であれば一般的にどのくらいの実務経験があれば業務遂行が可能か」を想定し、職務と年数の連動を考えることになります。

　（例）【一般事務員】：職務において4ランクを設定
　　　　職務ランク1：指示されて行う業務⇒0年相当
　　　　職務ランク2：指示を受けずに行う定型業務⇒ 0.5 年相当
　　　　職務ランク3：指示を受けずに行う非定型業務を含めた一連
　　　　　　　　　　　の業務⇒1年相当

職務ランク４：リーダー職として新人への教育研修等を行う
業務⇒２年相当

※　軽作業系の業務は、業務自体が単純なこともあり、０年、0.5年、
１年の３ランクの設定をしている会社が多い状況です。

４．職種ごとに職務ランクを設定した別表を作成します。

局長通達の賃金に地域指数を乗じた基準値を算出し、別表１を作成します。その基準値と同等以上となるように検討した自社の賃金テーブル（別表２）を作成します。基準値を算出する際は、小数点以下は切り上げるよう注意してください。

《労使協定　別表１の例》

同種の業務に従事する一般の労働者の平均的な賃金の額						
		地域指数	０年	0.5年	１年	２年
通達に定める職業安定業務統計　中分類	25　一般事務員		**1,075**	**1,156**	**1,237**	**1,357**
地域指数	東　京　都	113.9	1,225	1,317	1,409	1,546
	千　葉　県	106.2	1,142	1,228	1,314	1,442
	神 奈 川 県	109.6	1,179	1,267	1,356	1,488
	埼　玉　県	106.6	1,146	1,233	1,319	1,447

（令和６年度対応）

《労使協定　別表２の例》

25　一般事務員					
	等級	基本給		対応する一般の労働者の平均的な賃金の額	対応する一般の労働者の能力・経験
東京都	A	1,580 ～	≧	1,546	２年
	B	1,450 ～ 1,750		1,409	１年
	C	1,370 ～ 1,600		1,317	0.5年
	D	1,250 ～ 1,400		1,225	０年

（令和６年度対応）

5．賃金以外の待遇を決定します。

　賃金以外の福利厚生等の待遇に関しても、派遣会社の内勤社員の待遇を基に検討します。ただし、賃金以外の待遇（例えば、慶弔休暇等の特別休暇）に関しては、同一労働同一賃金の観点から同等にすることが望ましいです。

COLUMN　労使協定の作成は大変!?

　労使協定の作成のポイントは前述のとおりですが、その派遣会社の実態に即した労使協定の作成は、手間がかかります。厚生労働省からモデル労使協定は出ていますが、読んで内容を理解するだけでも時間がかかります。労働局は各派遣会社の労使協定が法令に準拠しているかを定期指導の際、詳細に確認します。記載の誤りなど指導件数も毎年増えているようです。労働局から指導されることなく、実態に即し、かつ派遣社員が理解できる労使協定を作ることはなかなか難しい作業と言えるでしょう。

 派遣先均等・均衡方式を採用している派遣会社は、どのような派遣会社ですか？

A 「運搬の職業」や「軽作業」の職種で派遣をしている派遣会社です。

解説

　「運搬の職業」や「軽作業」の職種で派遣社員を利用する物流業等の派遣先は、依頼主である製造業等のメーカーから強い原価低減要求があり、結果的に人件費を抑制せざるを得ない事情があります。したがって、このような職種を派遣している派遣会社も、社員等の待遇に合わせる派遣先均等・均衡方式を採用しているのが現状です。派遣会社としては、労使協定方式を採用したいのですが、派遣先均等・均衡方式を採用している会社との営業競争に勝てず、受注が減少する可能もあり、職種を限定したり、事業所をわけたりして派遣先均等・均衡方式を採用している状況があります。

労働者派遣法に基づく労使協定を締結する場合に、注意すべきポイントは何ですか？

A 労働者代表の選出手続きです。

解説

　労働者代表が公正な手続きで選出されていないと、いくら立派な労使協定を作成しても無効になる可能性があります。

　労働者代表の選出に関しては、民主的かつ公正に実施する必要があります。労使協定を締結する単位にもよりますが、具体的には、以下の順で選出を行っている会社が多いようです。

　1．労働者代表を選出するための事務局を設置します。

　　　労働者代表選出事務局というような中立の立場から派遣社員を含めた全社員へ労働者代表選出のお知らせを行います。その内容は、「自薦・他薦にかかわらず労働者代表への立候補を募る」という内容とします。

↓

２．立候補者が出たら簡単なプロフィールを記載した上で、投票期間を決定し、投票を促す書面を全社員へ配布します。

３．開票後集計を行います。全社員の過半数の信任を得た方が労働者代表に選出されますので、過半数を超えたことが分かるよう、その集計結果とともに選出された労働者代表の氏名を全員へお知らせします。

※なお、この労使協定における労働者代表の任期は任意に設定できますが、一般的には１年間もしくは２年間です。

　労働者代表の選出に当たって、締結する労使協定の適用対象範囲が派遣社員であるため、派遣社員のみから信任を得ればいいと考えることがあります。しかしながら、労働者代表は、役員を除く内勤社員や業務委託案件要員として働く契約社員、パート・アルバイト等を含めたすべての社員から信任を得る必要がありますのでご注意ください。

COLUMN　労働者代表は、誰がなっているのか？

　すばるには、毎年多くの派遣会社から労働者代表の選出に関するご相談が寄せられます。労使協定方式が適用されるのは派遣社員なので、現在就業中の派遣社員が選出されることが望ましいのですが、労働者代表に選出されると労使協定の内容確認、派遣会社との協議等を行わなければならず面倒であることや、その責任の重さから代表に立候補する派遣社員は少ないと言えます。結果的に、内勤社員が選出されることが比較的多いようです。

締結した労使協定は、派遣社員の希望に応じて見せられるように社内に保管しておけばいいですか？

A 保管しておくだけではなく、希望にかかわらず、周知する必要があります。

解説

　締結した労使協定は、すべての社員に対して周知する必要がありますので社内に保管して、希望者へ見せるだけでは法的に問題があります。具体的には、お知らせ後、ホームページやマイページにアップしたり、労使協定の書面を個別に郵送したりする必要があります（周知方法の詳細については、P.111のQ 15参照）。なぜ、そこまでやる必要があるのかというと、この労使協定は、派遣社員の賃金やその他の待遇を決定する重要な書面であるからです。

労使協定を締結して協定の対象となる派遣社員に対して周知をすれば、その有効期間中あとは何もしなくてもいいですか？

定期的に派遣社員の評価を行い、高評価の場合は賃金の改善を行うことが必要です。

　労使協定は派遣社員の賃金を決定する際の基礎となりますが、その運用に関して重要な点は、定期的に派遣社員の評価をしていくことです。多くの会社においては、社員の昇給や賞与の査定として人事考課を実施していると思いますが、この人事考課と同様なものがこの労使協定における派遣社員の評価です。

　派遣社員の評価方法は具体的に決められておりませんが、ポイントは、評価を実施する時期に在籍している派遣社員全員を対象として評価を実施することと、「どのような項目でいつ評価を実施し、その結果として高評価の場合はいつから昇給させるのか」を労使協定に記載することです。それぞれの派遣会社で決めた基準（例　80点以上など）をクリアした評価の高い派遣社員については、賃金（時給）のアップをする必要があります。派遣社員の評価については、労使協定に関する労働局の指導項目となっておりますので、指導時に説明できるよう、その評価結果をエビデンスとして保管しておくことも大切です。

Q20 派遣会社の内勤社員には、退職金制度がありませんが、派遣社員についてのみ退職金制度を採用しても問題ありませんか？

A 何ら問題ありません。なお、退職金制度を導入するには、派遣社員就業規則に付属する退職金支給規程を作り、この規程を労働者派遣法第 30 条の 4 第 1 項に基づく労使協定に添付することが必要です。

解説

　退職金制度を採用するか、退職金相当額を上乗せした基準値以上の時給を支払うかは、派遣会社がその内容に関して労使協定に記載して労働者代表と締結することにより決めることができます。

　逆に、内勤社員には退職金制度があっても、派遣社員に対しては比較対象となる一般的な賃金×地域指数× 1.05 以上の時給を支払う合算方式を採用することも可能です。

　また、雇用区分により制度をわけることも可能で、例えば、無期雇用の派遣社員には退職金制度を採用し、有期雇用の派遣社員に対しては比較対象となる一般的な賃金×地域指数× 1.05 以上の時給を支払う合算方式を採用するという派遣会社もあります。

　では、「実際に派遣会社はどちらの方式を採用しているか？」ですが、事務系派遣会社の多くは、退職金相当額を上乗せした基準値以上の時給を支払う方式を採用しています。その理由としては、派遣社員の勤続年数がそれほど長くないことや、退職金を支給する場合は計算や手続き等が煩雑になることが挙げられます。

IV　労働者派遣契約におけるルール

1　労働者派遣基本契約書

Q21 労働者派遣基本契約は、労働者派遣法で締結が義務付けられていますか？

A 義務付けられていません。

 解説

　労働者派遣法では、派遣会社と派遣先との間で労働者派遣個別契約を締結しなければならないことが定められていますが、会社間の取引条件を定める基本契約の締結については定められていません。しかしながら、実態としては、多くの派遣会社が労働者派遣個別契約を結ぶ以前か、初回の労働者派遣個別契約と同時に派遣先と「労働者派遣基本契約」を締結しています。

　では、なぜ労働者派遣基本契約を締結するのでしょうか？

　一般的に労働者派遣基本契約の内容は、労働者派遣個別契約を締結するにあたっての商取引におけるルールが記載されており、締結する目的は派遣会社と派遣先とのトラブル防止です。その具体的な内容は、各社により異なりますが、主に労働者派遣個別契約に記載されていない項目で、あらかじめ双方で決めておきたいことが記載されています。具体的には、法律の条文をか

み砕いた内容や派遣にあたりこのようなことはしないでくださいといった内容、また契約が履行されないときの損害賠償の内容等が記載されています。

　多くの場合は、派遣会社が作成した労働者派遣基本契約書を使って、派遣先へ説明をして締結しますが、派遣先が作成したオリジナルの労働者派遣基本契約書を使って締結してほしいとの要望が外資系企業等から時々あります。その際は、派遣会社にとって不利な内容が記載されていないか、確認する必要があります。

　気を付けなければいけない記載事項は、ざっと以下のとおりです。

---

① 派遣料金の決定・支払に関する事項
② 派遣就業に伴う必要経費の負担に関する事項
③ 契約当事者の一方に契約違反があった場合の損害賠償責任
④ 派遣労働者交替要請に関する取扱い
⑤ 基本契約の解除、個別契約の解除に関する事項
⑥ 派遣契約期間中に派遣先が派遣労働者を直接雇用する場合の取扱い
⑦ 契約の有効期間
⑧ 協議事項

　特に重要な項目は、③、④、⑥の項目で、内容に留意する必要があります。

《実際にあった派遣会社にとって不利な記載例》

- 「派遣社員が派遣先に損害を与えた際、損害の発生の原因に関わらず派遣会社がその損害の一切を賠償しなければならない。」とする記載
- 「派遣先は、派遣会社に対し、派遣社員の交替を求めることができる。」とする記載
- 「派遣先は、理由の如何を問わず、派遣契約を解除することができる。」とする記載

COLUMN　労働者派遣基本契約の内容はシンプルが一番

　労働者派遣法で定められている条文の内容を一つ一つ明記した、10ページ以上の「労働者派遣基本契約書」を目にすることがあります。しかし、労働者派遣法は概ね3年から4年に一度は法改正があり、条文の内容変更や追加がされるため、「法改正の度に、変更した労働者派遣基本契約書の再締結を派遣先に依頼するのが面倒です。」という愚痴を派遣会社のベテランの営業担当者から聞くことがあります。労働者派遣基本契約書の中に法律の条文の内容を入れなくても、お互い法律には従う義務があるので、労働者派遣基本契約書には労働者派遣法で定められていない内容、例えば、派遣社員が就業した後の派遣会社と派遣先との関係のみ記載した、シンプルな内容のものでも全く問題ないのではないでしょうか。実際、そのようにしている派遣会社もあります。

派遣社員の過失により発生した損害について派遣会社は全部の賠償責任を負いますか？

A 　労働者派遣基本契約に準じますが、通常は、全責任までは負わないでしょう。

 解説

　一般的には、労働者派遣基本契約の記載内容である損害賠償に関して、派遣会社・派遣先双方で協議するので、派遣社員の過失により発生した損害について派遣会社が全部の賠償責任を負うことはありません。

　派遣社員は、派遣先の指揮命令者のもと就業しているため、派遣社員の過

失については派遣先の指揮命令者にも責任があると言えるからです。

　また、外資系の派遣先と派遣契約を結ぶ場合においては、その外国の慣習から損害賠償に関して厳しい要求が出る場合がありますので、労働者派遣基本契約書の損害賠償条項には、特に注意が必要です。

2　労働者派遣個別契約書（労働者派遣法第26条）

 労働者派遣個別契約は、派遣社員が就業する前に必ず締結する必要がありますか？

A そのとおりです。

 解説

　労働者派遣個別契約書は、派遣を実施する際に最も重要な書面です。その内容は、労働者派遣法第26条に記載されている項目をすべて網羅している必要があります。

《労働者派遣個別契約書イメージ》

　労働者派遣個別契約書の記載例につきましては、右のQR
コードを読み取り、詳細な内容をご覧ください。解説が詳細
であるため、茨城労働局の記載例を載せております。

　ここでは、労働者派遣個別契約書における記載項目のポイントをご説明い
たします。

１．派遣料金

　派遣料金は各労働局の労働者派遣契約書の様式例には記載がありません。
しかしながら、派遣会社にとって重要な基本の派遣料金や時間外労働・深
夜労働・法定休日労働の単価や所定労働時間が１日８時間未満の場合にお
ける実働８時間までの間の単価の扱い等を具体的に記載する必要がありま
す。派遣料金は賃金ではないので、派遣先との交渉により決定します。

２．就業日

　就業日は月曜日から金曜日、休日は土日祝日とした場合でも、派遣先が
夏季休業や年末年始休業で派遣社員も休みの場合は、その記載が必要です。
　また、シフト制勤務の場合は、「シフトによる」と記載し、全派遣期間分
のシフト表の添付が必要です。シフト制勤務に関しては、P.80 Q 38で詳
しく説明いたします。

3．派遣先事業所と就業場所

　　派遣先事業所とは、原則として雇用保険の適用事業所です。派遣先事業所と就業場所は異なる場合がありますので、両方の記載が必要です。この派遣先事業所及び就業場所は、事業所単位の抵触日の記載や、労使協定における賃金テーブルを作成する際に必要となる地域指数にも影響しますので、記載にあたって派遣先への確認が特に必要です。

4．無期雇用派遣労働者又は 60 歳以上の派遣社員に限定するか否か

　　この欄が「限定する」との記載になっていない場合には、実際に派遣するのが無期雇用派遣社員又は 60 歳以上の派遣社員であっても、派遣先から事業所単位の抵触日の通知をもらう必要があります。

5．派遣先の指揮命令者と苦情処理の申出先

　　派遣契約上のトラブルの多くは、派遣社員と指揮命令者との間で起こります。トラブルの当事者が苦情処理担当者と同一であるとその解決が難しくなるため、労働者派遣法上禁止されているわけではありませんが、指揮命令者と苦情処理の申出先は同一人物にしないことをお勧めします。

COLUMN　ライバル会社への派遣社員の移籍を防ぐためには？

　　派遣先との派遣契約期間満了後、それまで自社の派遣社員としてその派遣先で就業していた者が、今度は他の派遣会社の派遣社員として同じ派遣先の就業場所で働いているケースがあります。「求人難の中、自社の大切な派遣社員を取られた」という話です。

　　そのようなことが起こる理由としては、派遣先に対し、他の派遣会社が提示した派遣料金の方が安く派遣先が乗り換えたという話や派遣料金の件以外にも派遣会社の営業担当者の日頃の対応に派遣先も派遣社員も不満を持っていたという話もよく聞きます。これを防ぐためには、派遣先に対してはもちろんのこと、派遣社員に対しても営業担当者がしっかりとしたフォローを日頃から継続的に行うことが必要だと思います。

3　派遣先通知書（労働者派遣法第 35 条）

派遣会社は、労働者派遣を行う際、派遣先に対して、派遣社員の健康保険、厚生年金保険及び雇用保険の加入状況に関して通知しなければなりませんか？

A

派遣先へ通知しなければなりません。

　派遣会社が派遣先に対して通知しなければならない項目は、各種保険の加入状況のほか、派遣社員の氏名、性別、年齢ゾーン、派遣社員が協定対象派遣労働者であるか否かの別など複数あります。なお、各種保険の加入状況を通知する際、保険加入が「無」の場合は、具体的な理由を記載しなければなりません。この理由の記載方法ですが、例えば各種保険の適用基準を満たしていない場合は、単に「適用基準を満たしていないため。」、「被保険者に該当しないため。」などと記載するだけでは足りません。「1 週間の所定労働時間が 15 時間であるため。」など、具体的な理由の記載が必要です。

　また、保険加入手続中である場合には、単に「手続中であるため。」などと記載するのではなく、「現在書類の準備中で、○月○日に届出予定。」など、具体的な状況を記載することが必要とされています。

派遣先通知書

令和 5 年 4 月 1 日

株式会社○○○○ 御中

(所在地)
(事業所名)
(代表者名)
(許可番号) 派 13- ××××××

令和 5 年 4 月 1 日に締結した労働者派遣契約 (契約№ 12345) に基づき次の者を派遣します。

氏名	高橋 ○○	小川 ○○
性別	男 ・ 女	男 ・ 女
年齢に関する事項	□60 歳以上 (＊) ☑60 歳未満 (＊) 　□45 歳以上 60 歳未満 　□18 歳未満 (　歳) (注) 18 歳未満の場合は当該派遣労働者の年齢を記載すること。	□60 歳以上 (＊) ☑60 歳未満 (＊) 　☑45 歳以上 60 歳未満 　□18 歳未満 (　歳)
雇用期間 (＊)	□ 無期雇用 ☑ 有期雇用 (○カ月契約)	□ 無期雇用 □ 有期雇用 (○カ月契約)
方式 (＊)	☑ 協定対象派遣労働者【労使協定方式】 □ 協定対象労働者ではない 　　　　【派遣先等・均衡方式】	☑ 協定対象派遣労働者【労使協定方式】 □ 協定対象労働者ではない 　　　　【派遣先均等・均衡方式】
労働・社会保険の被保険者資格取得届の提出の有無及び確認資料 (＊)	健康保険 　有 ・ 無 無の理由 (　　　　　　　　　　　) 厚生年金保険 　有 ・ 無 無の理由 (　　　　　　　　　　　) 雇用保険 　有 ・ 無 無の理由 (　　　　　　　　　　　)	健康保険 　有 ・ 無 無の理由 (現在、必要書類の準備中であり、 今月の○日には届出予定) 厚生年金保険 　有 ・ 無 無の理由 (現在、必要書類の準備雄であり、 今月の○日には届出予定) 雇用保険 　有 ・ 無 無の理由 (現在、必要書類の準備中であり、 今月の○日には届出予定)

(注) 労働・社会保険の取得届の提出が「無」の場合、具体的な理由を記載すること。
　　(例) 1 週間の所定労働時間が 15 時間のため。他

注) 派遣労働者が 2 名の場合の参考例
注) 通知した内容のうち、＊印の部分 (無期雇用か有期雇用か、60 歳以上の者であるか否か、協定対象派遣労働者であるか否か、各種保険の加入状況) については、変更があった場合には、遅滞なく再度通知します。

派遣先への通知で注意する点はどのようなことですか？

深読み

　　例えば、派遣契約締結時に保険加入の手続きが間に合わず、派遣先通知書に各種保険の加入状況に関して「加入手続中」と記載した場合には、加入手続完了後、改めて「加入あり」と記載された通知書を派遣先へ通知する必要があります。

　労働局の定期指導があった際に、実際にはすでに加入済であっても「加入あり」となっていない通知書を提示すると指導の対象となりますので、ご注意ください。

4　派遣元管理台帳（労働者派遣法第37条）

Q25 派遣元管理台帳とは、どのような書面ですか？

A 派遣会社が派遣社員の労務管理を行うために作成しなければならない重要な書類で、記載事項が決められており、3年間の保存が義務付けられています。

解説

　派遣元管理台帳は、派遣社員ごとに作成し、以下の必要事項を記載しなければなりません。

1	派遣社員の氏名と60歳以上の者であるか否かの別
2	協定対象派遣社員であるか否か
3	無期雇用か有期雇用かの別（有期雇用派遣社員の場合は労働契約の期間）
4	派遣先の名称
5	派遣先の事業所の名称
6	就業場所及び組織単位
7	業務内容
8	派遣社員が従事する業務に伴う責任の程度
9	派遣元責任者
10	派遣先責任者

11	就業期間
12	就業日
13	就業時間、始業及び終業の時刻
14	時間外・休日労働させることができる日又は時間数
15	就業状況（★）：派遣先から提出される就業状況報告書（一般的にはタイムシート等）
16	派遣社員から申出を受けた苦情の処理内容（★）
17	労働・社会保険の被保険者資格取得届の提出の有無（無い場合はその理由）
18	教育訓練の実施日時及び内容（★）
19	キャリアコンサルティングの実施日時及び内容（★）
20	雇用安定措置を講じるに当たって聴取した希望の内容（★）
21	雇用安定措置の内容（★）

　派遣元管理台帳は、実際には、派遣会社の派遣管理システムから出力される場合が多く、労働者派遣法改正にシステムが対応していれば、通常項目漏れはないと考えられます。上記の必要記載事項の中でも、（★）の項目に関しては、派遣元管理台帳を作成後、都度追加の記載が必要となります。これについては、一般的にはシステムから出力された別紙を添付する方法をとっている派遣会社が多いようです。

　また、労働局の定期指導の際には、（★）の事項を中心に確認が行われますので、別紙が添付されてきちんと記載されているかの確認が必要です。

5　派遣帳票類の保存方法

 Q26 派遣契約に関する帳票類はすべて紙で保存しなくてはいけないでしょうか？

A いいえ。電子データで保存しても問題ありません。

解説

　派遣元管理台帳と派遣先管理台帳の保存期間は、労働者派遣法で派遣契約終了の日から3年間と決められております（労働者派遣法第37条第2項、第42条第2項）。就業条件明示書については、労働者派遣法では保存義務が定められていないため、保存するかどうかは自由です。参考までに労働局に確認したところ、派遣元管理台帳と同様に3年間くらいは保存してほしいという回答でした。

　その他の派遣帳票類については、以下のとおりです。

・契約書関連

　派遣基本契約書や個別契約書についても保存期間は定められていませんが、派遣契約終了後、トラブル回避のため、一定期間保存している派遣会社が多いです。

・通知書関連

　派遣先通知書や抵触日通知についても契約書と同様に労働者派遣法上保存期間の定めはありませんが、労働局の定期指導があった際に抵触日通知がないと指摘を受けることから、3年間は保存している派遣会社が多いです。

・労働条件通知書、タイムシート

　派遣社員に渡す労働条件通知書やタイムシートは、労働基準法第109条で保存期間等が定められています。e－文書法（紙での保存が義務付けられていた文書を、電子データで保存することを容認する法律）で労働基準法第109条の書類は、電子データによる保存が認められています。したがって、PDFとして保持しても問題はありません。現在、大手の派遣会社では、スペースやコストの削減のため、電子データで保存するのが主流となっています。

■派遣社員に関する書類の保存期間

　派遣社員に関する書類は、法律で次の期間保存することが定められています。保存期間を過ぎた書類は破棄して問題ありません。

法律	期間
労働基準法で定められたもの（労働条件通知書、タイムシート、賃金台帳など）	3年
社会保険に関する書類（資格取得確認通知書、資格喪失確認通知書、被保険者標準報酬決定通知書など）	2年
雇用保険の被保険者に関する書類（資格取得等確認通知書、離職票、休業開始時賃金月額証明書など）	4年
労働者災害補償保険法に基づく書類（療養の給付請求書等）	3年

6　派遣元責任者（労働者派遣法第36条）

Q27　派遣元責任者には、誰でもなれますか？

A 　資格要件がありますので、派遣会社の社員であっても誰でもなれるわけではありません。

解説

　派遣会社は、派遣社員を保護・管理するために派遣元責任者を選任し、派遣社員数100人ごとに1名以上配置する必要があります。また、製造業務への派遣の場合は、原則として製造専門派遣元責任者の選任が別途必要です。派遣元責任者の仕事としては、派遣社員からの苦情への対応や派遣先との連絡調整、派遣元管理台帳の作成など、労務管理全般です。派遣元責任者に選任される人は、労働者派遣法や労働基準法をある程度理解していて、資格要件をクリアしている必要があります。

　資格要件もいくつかありますが、重要な要件は以下の3点です。

---

① 未成年者でなく、労働者派遣法に定める欠格事由にあたらない人
　※欠格事由とは、主に過去に労働関係諸法令違反で罰金刑を受け5
　　年以内の方や、反社会的勢力に属していた方などが当たります。
② 成年に達した後、3年以上の雇用管理経験がある人
③ 派遣元責任者講習を受講後、3年以内の人

　実際には、派遣会社で営業やコーディネーターとして勤務して3年経過す

ると、②の資格要件をクリアしますので、派遣元責任者講習を受講し、派遣元責任者の資格を得ることになります。派遣許可事業所が複数ある、又は派遣社員数が多い派遣会社では、少なくとも1つの事業所に1名以上の専属の派遣元責任者を配置する必要がありますので、派遣元責任者が何人も必要になり、人事異動の際もその点を考慮する必要があります。

　すばるのコンサルティング先の派遣会社でも、本社で派遣元責任者の配置を考えずに人事異動を実施し、事業所に1名も派遣元責任者がいなくなってしまった例もありますので、ご注意ください。

7　派遣先責任者 （労働者派遣法第41条）

派遣先責任者になるための要件はありますか？

A
法的要件はありません。

解説

　派遣先責任者については、派遣元責任者のような資格要件は設けられていませんが、その選任にあたっては、派遣社員の管理や派遣先での業務遂行をサポートできる方で、派遣先責任者講習を受講することが望ましいとされています。

　一般的には、指揮命令者の上長や人事総務部門の管理者がなることが多いようです。

　では、実際に指揮命令者、派遣先責任者、苦情処理の申出先が同一人物でも問題ないでしょうか？

　法令上は問題ありませんが、実務上は問題があります。前述の労働者派遣個別契約書の記載のポイントでも述べましたが、派遣社員に関するトラブルの多くは、指揮命令者との間で生じるため、そのトラブルの対応をする方が指揮命令者と同じ方であると、解決が難しくなります。労働局の担当者へ質問しても、指揮命令者と派遣先責任者、指揮命令者と苦情処理の申出先は同一でない方がよいというアドバイスをされます。なお、苦情処理の申出先と派遣先責任者は同一でも実務上問題はありません。

　念のため、派遣先責任者と指揮命令者の違いについては次のとおりです。

派遣先責任者と指揮命令者の比較

	派遣先責任者	指揮命令者
役　　割	人事・労務などの知識を有し、トラブル対応や派遣先として管理する役割を的確に遂行する。	派遣社員への業務の指示と管理を行う。労働時間・休憩・残業・休日などの勤怠管理・指示も行う。
選任対象	人事・労務などの知識を有し、役割を的確に遂行できる者	指示する業務の内容を理解しており、派遣社員へ直接業務の指示を行う者
選任条件	派遣先事業所ごとに派遣社員100人につき1人以上選任しなければならない。 ※派遣先が雇用する社員と事業所における派遣社員の数の合計が5人以下の場合は選任不要です。	派遣社員が業務遂行をするにあたり、必ず1名選任が必要。業務が複数ある場合は、複数名の選任も可。

8　派遣可能期間の制限（労働者派遣法第35条の3、第40条の2）

派遣可能期間の制限とは、何ですか？

A 　派遣会社が派遣社員を派遣することができる期間の制限のことです。労働者派遣法では、基本的に派遣会社が派遣社員を派遣することができる期間には制限があり、派遣先についての「事業所単位の期間制限」と派遣社員についての「個人単位の期間制限」の2つの適用を受けます。

解説

　派遣可能期間の制限が設けられている趣旨は、派遣社員の常用代替（いわゆる正社員を採用せず、派遣社員を継続的に使う）防止と流動化による派遣社員のキャリアアップ促進です。

　派遣可能期間の制限に抵触する最初の日＝派遣可能期間が満了した日の次の日を「抵触日」といい、派遣先は、事業所単位の抵触日を派遣会社へ通知しなければなりません。

　では、「1．事業所単位の期間制限」と「2．個人単位の期間制限」に関して、説明いたします。

1．事業所単位の期間制限

　派遣会社は、派遣先の事業所ごとの業務について、派遣可能期間（3年、ただし、延長可）を超えて労働者派遣を行ってはなりません。

　派遣会社は、派遣先の事業所で以前から労働者派遣が行われていたかどうかを把握できないため、派遣先は派遣会社に対して事業所単位の期間制限の

抵触日を書面やメール等で通知しなければなりません《この通知を「抵触日通知」と言います》。

　なお、派遣契約を更新した場合であっても、労働者派遣法上は「更新」という考え方はなく、新たに「契約を締結する」という考え方になるため、いわゆる「派遣契約を更新する」場合であっても、派遣会社は、派遣先から更新する派遣契約締結の都度、事前に抵触日通知をもらわなければなりません。この場合の通知は同じ内容になることが多く、派遣先としても同じ内容の通知を都度行うことはとても面倒ですが、仕方がありません。

■事業所単位の期間制限は、派遣先が一定の手続きを経ることにより延長可能

　延長に関しては、事業所単位の抵触日の1カ月前までに、派遣先に雇用されている労働者の過半数で組織されている労働組合や適正な手続きを経て選出された労働者代表の意見聴取を行えば、派遣可能期間を延長することが可能で、その際は延長後の期間などを派遣会社へ書面で通知する必要があります。派遣会社は意見聴取に関与することはありませんが、意見聴取の手続きのことを知らない派遣先もあるので、手続きの方法などを教える必要があります。

2．個人単位の期間制限

　派遣先の同一の組織単位（課やグループ等）に、派遣会社が同一の派遣社員を派遣できる期間は3年までです。例えば、2023年11月1日からA社人事課で派遣就業を開始した有期雇用派遣社員の個人単位の期間制限についての抵触日は、2026年11月1日となり、その前日の同年10月31日までA社人事課での派遣就業が可能となります。事業所単位の期間制限と異なり、個人単位の期間制限は延長することができません。

3．期間制限の対象外

　全ての業務において期間制限が設けられていますが、一部例外として次のとおり、属性と業務内容により期間制限の対象外となるケースがあります。

属性	無期雇用	派遣会社と無期雇用契約を締結している派遣社員
	60歳以上	派遣契約締結時点において60歳以上である派遣社員
業務内容	休業代替業務	産前産後休業、育児休業、介護休業を取得する派遣先の内勤社員の代わりに行う業務
	プロジェクト業務	業務の開始、転換、拡大、縮小または廃止のための業務^(※)であって、一定の期間内に完了することが予定されている業務 ※単なるプロジェクトの業務ではなく、下線部の内容を満たすものが該当します。
	日数限定業務	1カ月間に業務を行う日数が、派遣先に雇用される正社員における1カ月の所定労働日数と比較して半数以下、かつ、10日以下である業務 【例】土日のみ開催される展示会等の受付業務

労働者派遣個別契約書に記載する、事業所単位の期間制限に関する「派遣先の事業所」は、どのように考えますか？

A 「派遣先の事業所」とは、雇用保険法における適用事業所と基本的に同じ考え方です。

解説

　一般的には、支店、工場、店舗などが考えられ、支店に属する出張所や物流拠点などは該当しない可能性が高いと言えます。また、事業所の具体的な要件としては次の3つがあげられます。

① 場所が独立していること
② 人事・経理・指導監督・労働の態様等においてある程度独立していること
③ 一定期間継続し、施設としての持続性があること

Q 31 個人単位の期間制限に関する「組織単位」とは、何を指しますか？

A いわゆる課、グループ等、業務として似ている、又は関連がある組織を指します。

 解説

組織の長が業務指示・労務管理における権限を持っていて、会社における組織の最小単位（係、チーム）よりも大きな単位を指し、実態で判断されます。

具体的な例としては、
① 人事課内に採用チーム、労務チーム、○○チームがある場合には、組織単位は人事課

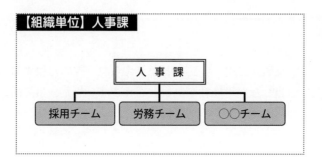

【組織単位】人事課

人事課
├ 採用チーム
├ 労務チーム
└ ○○チーム

特殊な例としては、

②　製造業の場合に、製造部において○○社向け製造ラインを製造１課、
　　▲▲社向け製造ラインを製造２課としている場合には、製造物が類似し
　　ていることから組織単位は製造部になる可能性があります。

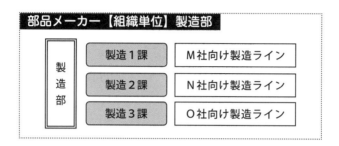

【受入期間制限のルールに関する図】

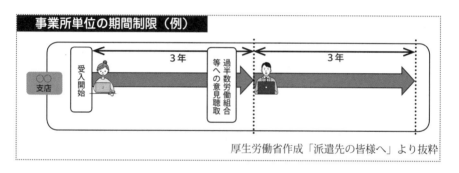

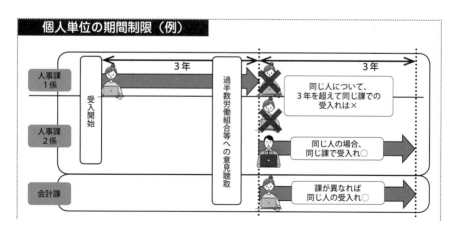

同一の派遣労働者を、派遣先の事業所における同一の組織単位(※)におい て受け入れることができる期間は、3年が限度となります。

※いわゆる「課」などを想定しています。

厚生労働省作成「派遣先の皆様へ」より抜粋

■派遣可能期間制限に関する「クーリング期間」とは

クーリング期間とは、事業所単位、個人単位の2つの派遣可能期間制限に おいて、期間制限の通算期間がリセットされる空白期間のことをいいます。 「クーリング期間」は、「3カ月超」(3カ月と1日以上)です。

延長ができない個人単位の期間制限に関しても、このクーリング期間があ る場合には、法律上、再度同一の組織単位へ同一の派遣社員を派遣すること が可能になります。

しかしながら、派遣会社がクーリング期間後に再度同一の組織単位へ同一 の派遣社員を派遣することは、派遣元指針により派遣労働者のキャリアアッ プの観点から望ましくないとされています。以前は、このようなクーリング 期間を空けて、再度派遣するような運用が行われていたこともありますが、 現在は、雇用安定措置の義務化により、派遣会社は有期の派遣社員を3年経 過時に無期雇用派遣社員として、同一の組織単位へ派遣する運用が多くなり、 派遣会社でも派遣先でもあまり話題にならなくなりました。

9　派遣先における特定行為の禁止（労働者派遣法第26条第6項）

Q32　派遣先が派遣社員としての就業希望者と事前に話をする場を設けることは、法律で禁止されていますか？

A　話をする場を設けること自体は問題ありませんが、派遣先が面接をすることは禁止されています（事前面接の禁止）。派遣社員の配置権は派遣会社のみにあり、派遣先が派遣契約締結前に派遣社員を選ぶ行為は禁止されているからです。

解説

　派遣先が派遣社員を選ぶ行為は、労働者派遣法上「派遣社員の特定を目的とする行為」（いわゆる特定行為）と呼ばれ禁止されています。派遣先が派遣社員を面接するだけでなく、派遣先への履歴書の送付も派遣社員の特定行為にあたります。

　特定行為が禁止される理由は、派遣先の事前面接で派遣社員を決定するという事実は、直接雇用において採用選考を行うことと同じで、派遣社員としては誰が雇用主かわからなくなってしまうからです。ただし、派遣社員の能力を確認する意味で、派遣会社が派遣先に対し、個人を特定できる情報の記載のない、能力・経験のみを記載した書面（いわゆるスキルシート）を提出することは問題ありません。なお、紹介予定派遣に関しては、職業紹介を前提にしているため事前面接を行うことができます。

職場見学であれば労働者派遣法上問題ないでしょうか？

　　派遣社員が自ら派遣先を確認することは問題ありません。
これは、派遣会社では「職場見学」「業務確認」と呼ばれており、
実際に多く実施されています。

　派遣社員が派遣先を選ぶ行為は特定行為に該当せず、禁止されていません。
ただし、あくまで派遣社員が主体的に実施するもので、派遣先の希望で実施
するものではないという点は注意してください。

　では、特定行為と言われないための職場見学実施のポイントとは何でしょ
うか？

1．派遣先担当者へ合否を決める面接ではないことを事前に説明する。
2．派遣社員が職場見学を希望するのかを確認する。
3．派遣社員が職場見学を希望する際は、不測の事態に備え派遣会社の担
　　当が必ず同行する。
4．職場見学の際、業務に関する内容以外（個人情報に関すること等）は、
　　基本的に話をしないように派遣会社の担当がコントロールする。

COLUMN　事前面接解禁の声

　前述のとおり、いわゆる「事前面接」は派遣先指針において禁止されて
います。

　とは言っても、派遣先は職場環境に適合するスキルのある派遣社員を受
け入れたいと考えますし、「本当に自分で大丈夫なのだろうか？」と心配
する派遣社員もいます。事前に双方で顔合わせをした方がミスマッチ防止
にはなるのではないかとの声もよく聞きます。紹介予定派遣以外の場面で
も利用できるように事前面接解禁の議論がなかなか深まらないのは不思議
です。

10　紹介予定派遣（労働者派遣法第2条第4号）

Q33　紹介予定派遣とはどのような派遣ですか？

A　派遣会社が派遣社員・派遣先に対して人材紹介を予定して行う労働者派遣です。

 解説

　派遣先は、派遣社員を自社の社員として雇用することを予定して派遣契約で受け入れます。派遣社員、派遣先の双方が派遣期間を通じて仕事の内容とそれに対する賃金との関係や仕事の適性等を見極め、双方の意向が合致した場合に、派遣会社が人材紹介の手続きを行います。人材紹介を経て採用が決定した場合には、派遣先から派遣会社へ紹介手数料が支払われます。

　紹介予定派遣は、その契約形態から英語では「Temporary To Permanent（「臨時から無期へ」）」いわゆるテンプ・トゥ・パーム（TTP）と呼ばれます。

　法律的には、派遣期間は労働者派遣法、人材紹介は職業安定法が適用されますので、労働者派遣事業の許可だけでなく、有料職業紹介の許可も必要となります。

　通常の派遣と異なる点は、以下のとおりです

　1．派遣期間の上限が決まっていて、最長6カ月となります。

　2．人材派遣で禁止されている事前面接や履歴書の送付をすることができます。

　3．原則として労働者派遣が禁止されている、医療機関で働く医師、看護師、薬剤師等も紹介予定派遣は可能です。

　4．労働者派遣個別契約書に紹介予定派遣に関する事項を記載する必要が

あります。

5．料金としては、通常の派遣料金のほか、採用に至った場合は紹介手数料が発生します。

4であげた労働者派遣個別契約書に記載が必要な紹介予定派遣に関する事項は、以下のとおりです。

① 紹介予定派遣である旨

② 採用（直接雇用）後の

- 業務内容
- 労働契約の期間（無期・有期、有期の場合はその期間）
- 就業場所
- 始業・終業時刻、休憩時間、時間外労働、休日労働に関すること
- 賃金
- 社会保険・労働保険の適用
- 試用期間（派遣期間が試用期間的な意味合いを持つので、基本的になし）

③ 労働者を雇用しようとする者の名称

④ 派遣先が派遣社員を直接雇用しない場合の対応

⑤ 有給休暇・退職金等について、派遣契約期間を通算する場合はその旨

紹介予定派遣の結果、関連会社での採用は可能でしょうか？

「当社での採用は厳しいのだが、当社の関連会社でよければ採用したい。」という話を派遣先から稀にされることがあります。これは、可能なのでしょうか？

紹介予定派遣は、派遣先に入社する・しないということが大前提なので、突然、関連会社のことを言われても、派遣社員は困惑してしまいます。このような場合には、紹介予定派遣は終了して、新たにご本人と関連会社との人材紹介に切り替えて話を進めることになります。

COLUMN　紹介予定派遣はよく利用されているのか？

答えは、イエスです。

採用募集の一つの手法として、派遣先が社員を採用する場合によく利用されます。直近の「労働者派遣事業報告書の集計結果」（厚生労働省）によると、紹介予定派遣により派遣先の社員となった人は、12,000人を超えています。

派遣先のメリットとしては、一定期間派遣で就業してもらい、その後採用するため失敗のリスクが小さいことが上げられます。また、これは本来の形（臨時から無期雇用へ）とは違いますが、金融関係の会社等において大量に契約社員を募集する場合にもよく利用されています。大量募集をする際に、通常は多額の広告経費を使い、その採用には多くの時間や労力を割くことになりますが、紹介予定派遣であれば、時間や労力の削減が可能で、しかも紹介が成立しないと手数料が発生しないというコストメリットもあります。さらに、通常の派遣契約で派遣された派遣社員が派遣先で「社員にならないか？」と声をかけられた場合に切り替える形でも紹介予定派遣は利用されます。

紹介予定派遣において、派遣就業期間を当初3カ月間として、採用の判断がつかない場合には、再度3カ月派遣期間を延長することはできますか？

A できます。

解説

紹介予定派遣の派遣期間は最大で6カ月とされています。

派遣会社は、同一の労働者について6カ月を超えて派遣を行ってはいけませんが、その期間内であれば、一度3カ月間で契約締結した後、再度3カ月契約を締結することは可能です。再度契約を締結するケースは少ないですが、派遣先が社員として直接雇用するかどうか迷うケースや派遣社員の能力を判断しきれないケースにおいて、本人の同意があれば、再度契約を締結することは可能です。

また、派遣社員、派遣先、派遣会社それぞれの合意があれば、当初予定していた紹介予定派遣の期間について短縮することも問題ありません。

では、結果として、派遣先の直接雇用にならない場合に、通常の派遣契約でその派遣社員を受け入れることはできるでしょうか？

たしかにそのようなケースは存在しますが、通常の派遣契約で派遣社員を指名することは特定行為に該当しますので、基本的にはできません。ただし、派遣先が同様の内容で派遣会社へ派遣の依頼をした場合に、派遣会社が候補者の中から選考した結果、紹介予定派遣で就業していた方を派遣することはできます。

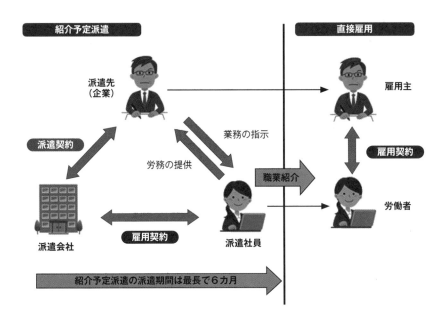

　なお、ご存じない方も多いかと思いますが、紹介予定派遣を受け入れることで派遣先が利用できる助成金があります。派遣先が派遣社員を自社の正社員として採用する場合、要件を満たせばキャリアアップ助成金を申請することができます（ただし、いわゆる正社員だけで、有期の契約社員は該当しません）。

　令和5年4月時点で助成金額として、派遣社員1人あたり85.5万円（大企業の場合は、71.25万円）が国から支給されますので、営業の知識として派遣先へ提案してみると喜ばれるかもしれません。

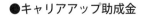●キャリアアップ助成金

紹介予定派遣が派遣期間のみで終わり、次の人材紹介に至らないこともありますか？

A あります。

解説

　紹介予定派遣は、派遣期間終了後人材紹介を経て、派遣社員と派遣先双方合意の上で派遣先の直接雇用となる仕組みですが、派遣期間満了後に、派遣社員と派遣先の意向次第で、派遣期間満了をもって「紹介予定派遣」を終えることもできます。

　なお、派遣先がその派遣社員の直接雇用を望まない場合に、派遣社員からその理由を教えてほしいと言われたら、派遣会社は派遣先に対してその理由を確認し、派遣社員に対して明示する必要があります。

COLUMN　紹介予定派遣の成約率は？

　厚生労働省が毎年「労働者派遣事業報告書の集計結果」として発表しているデータを見ると概ね50％台です。ということは、およそ半分は成約に至らなかったことになります。

　厚生労働省は正式な調査を実施していませんが、民間企業の調査・アンケートなどを見ると、派遣社員からお断りするケースが多いようです。その理由は、外からではわからない派遣先の就業環境や仕事内容と賃金のバランス等様々なことが分かり、社員になることをためらうことが挙げられます。また、正社員での採用を希望していたが、実際に企業側から提示さ

れた雇用形態は「契約社員」だったので、条件が合わず辞退する人も少な
からずいます。

11　使用者責任 （労働者派遣法第44条第2項）

36協定で定められた時間数を超えて派遣社員が残業
した場合、派遣会社が罰せられますか？

A いいえ。原則として派遣先が罰せられます。

　派遣社員には、派遣先ではなく、派遣会社が締結し、労働基準監督署に届
けた「時間外・休日労働に関する協定届（以下「36協定」といいます）」が
適用されます。しかし、派遣社員は、派遣先の指揮命令下で働くという特殊
な雇用形態であるため、労働時間の管理は、業務の指揮命令を行う派遣先が
責任をもって行わなければなりません。したがって、36協定で定められた時
間数を超えて派遣社員が残業した場合は、派遣先が罰せられます。なお、原
則というのは、派遣先が労働基準法を守っていないことを知りつつ、派遣契
約を続けている場合などは、派遣会社も罰せられる可能性があるからです。

■派遣先が使用者責任を負うケース

　原則として、派遣社員について法律上の雇用管理責任は労働契約関係にあ

る派遣会社が負います。しかし、派遣先が派遣社員に対して指揮命令を行い、実際に就業する場所の設備、機械等の設置や管理をしています。このため、派遣社員保護の観点から、下記の法律の一部については、派遣先にも法律上の責任（罰則等）を負わせることにしています。

・労働基準法（労働時間・休憩・休日など）
・労働安全衛生法
・じん肺法
・作業環境測定法
・男女雇用機会均等法
・育児介護休業法
・労働施策総合推進法

　例えば、労働安全衛生法では、危険又は健康障害の防止措置を適切に実施する義務などが該当します。

V　派遣社員とのルール

1　就業条件明示書と労働条件通知書
（労働者派遣法第 34 条、労働基準法第 15 条第 1 項）

Q37 就業条件明示書と労働条件通知書は、どう違いますか？

A 就業条件明示書は労働者派遣法で定められたもので、派遣会社が派遣をする際に派遣社員へ交付しなければならない書面です。労働条件通知書は労働基準法で定められたもので、会社が雇用するすべての労働者に対して雇入れ時に交付しなければならない書面です。

解説

　就業条件明示書と労働条件通知書は、記載例を見るとかなり似ていますが、準拠する法律が違い、明示する内容も異なる部分があります。派遣会社は、派遣社員が就業する際に、労働者派遣法で定められた就業条件明示書と労働基準法で定められた労働条件通知書の2つの書面を交付しなければなりません。

　派遣会社では、一般的に派遣社員については「労働条件通知書兼就業条件明示書」を交付します。これは、2つの書面を兼ねたものですが、問題ありません。一般的に有期雇用の派遣社員の場合は、派遣期間＝雇用期間となるので、重複する部分が多い就業条件明示書と労働条件通知書についてそれぞれの法定記載

事項を網羅していれば、1つの書類とすることができるからです。

　ただし、派遣社員が無期雇用であった場合には、雇用する際にまず労働条件通知書で労働条件を明示し、派遣先が変更になる都度、就業条件明示書で派遣就業について明示することになります。

　なお、雇用契約書という名称であっても、労働基準法上明示すべき労働条件が網羅されていれば、労働条件通知書と同様の意味を持ちます。

【労働条件通知書兼就業条件明示書の例】

労働条件通知書（兼）就業条件明示書

令和　　年　　月　　日

　　■■　■■　殿

福岡市博多区博多駅東○－○－○
株式会社●●●●
代表取締役　　□□　□□

派遣労働者として、次の労働条件及び派遣就業条件で雇用する。

労働契約期間		□ 期間の定めなし　　　　　　　☑ 期間の定めあり（＊＊年＊＊月＊＊日～＊年＊＊月＊＊日）		
	更新の有無	□ 更新する場合があり得る　　　□ 更新しない　　　　　　□ その他（　　　　　　　　）		
	更新の判断	・契約期間満了時の業務量　　　・勤務成績、態度・能力　　・会社の経営状況 ・従事している業務の進捗状況　・その他（　　　　　　　　　　　　　　　）		
派遣先事業所の名称		株式会社■■■■　九州支社		
派遣先事業所の所在地		福岡市中央区天神○－○－○		
派遣就業場所		株式会社■■■■　北九州営業所 北九州市小倉北区室町○－○－○		
組織単位（組織の長）		販売促進部○○課（販売促進部○○課長）		
指揮命令者		（部署・役職名） 販売促進部○○課長	（氏名） ○○　○○	（連絡先） 093－○○○－○○○○
業務の内容		OA事務機操作、電話・来客応対及びその他一般事務		
責任の程度		役職・権限なし		
協定対象派遣労働者であるか否かの別		☑ 協定対象派遣労働者である（労使協定の有効期間の終期：＊＊年＊＊月＊＊日） □ 協定対象派遣労働者でない（派遣先均等・均衡方式）		
労働者派遣の期間		令和　　年　　月　　日 ～ 令和　　年　　月　　日		
抵触日		派遣先事業所における期間制限に抵触する最初の日：		
		組織単位における期間制限に抵触する最初の日：		
		派遣先事業所単位や組織単位（派遣労働者個人単位）の期間制限を超えて労働者派遣の役務の提供を受けた場合は、派遣先は労働契約申込みみなし制度の対象となる。		
派遣就業をする日		週5日勤務		
休　　日		週2日（土日、祝日）、年末年始（12/29～1/3）		
始業・終業時刻		9:00～18:00		
休憩時間		12:00～13:00（60分）		
時間外労働		□ 無　　　☑ 有（1日4時間、1カ月45時間、1年360時間の範囲内）		
休日労働		□ 無　　　☑ 有（1カ月2日以内）		
休　　暇		1　年次有給休暇　　　　　6カ月経過した場合→　　　　　　　　日（時間単位で取得可能） 　　　　　　　　　　　　　6カ月以内の年休　□ 無　　　□ 有（　カ月経過で　　日） 2　代替休暇　　　　　　　□ 有　　　□ 無 3　その他の休暇　　　　　有給（　　　　　　）　　　無給（　　　　　　　　）		
賃　　金		1　基本賃金　　　　　　　時間給_____円 2　諸手当　　　　　　　　①_____手当_____円　②_____手当_____円 　　　　　　　　　　　　　③_____手当_____円　④_____手当_____円 3　時間外・休日・深夜労働に対する割増率 　　　①　時間外　　　　（a）法定超月60時間以内_____%　　月60時間超_____% 　　　　　　　　　　　　（b）所定超_____%		

	②　休日	(a) 法定休日＿＿＿％		(b) 法定外休日＿＿＿％	
	③　深夜	＿＿＿％			
	4　賃金締切日	＿＿＿＿＿＿＿＿	5　賃金支払日	＿＿＿＿＿＿	
	6　賃金支払方法				
	7　労使協定に基づく賃金支払時の控除	□ 無	□ 有（		）
	8　昇給	□ 無	□ 有（時期等		）
	9　賞与	□ 無	□ 有（時期・金額等		）
	10　退職金	□ 無	□ 有（時期・金額等		）
退職に関する事項	1　定年制 2　継続雇用制度 3　自己都合退職の手続 4　解雇の事由及び手続	□ 無 □ 無 （退職する （	□ 有（　　歳） □ 有（　　歳まで） 日以上前に届け出ること） ）		
派遣元責任者	（部署・役職名） 管理課長	（氏名） ○○　○○	（連絡先） 092－○○○－○○○○		
派遣先責任者	（部署・役職名） 販売促進部○○課長	（氏名） ○○　○○	（連絡先） 093－○○○－○○○○		
派遣元苦情処理申出先	（部署・役職名） 管理課長	（氏名） ○○　○○	（連絡先） 092－○○○－○○○○		
派遣先苦情処理申出先	（部署・役職名） 販売促進部○○課長	（氏名） ○○　○○	（連絡先） 093－○○○－○○○○		
苦情処理方法 連携体制等	派遣先及び派遣元は、派遣労働者から苦情の申出を受けた場合、速やかに相手方へ連絡し、双方の責任者が中心となって誠意をもって遅滞なく、適切かつ迅速な処理を図ることとし、その結果について、派遣労働者に通知するものとする。				
福利厚生等の便宜供与	派遣先は、派遣労働者に対し、派遣先が雇用する労働者が利用する施設等について、同様に利用することができるよう便宜供与することとする。具体的には、次のとおりとする。 　制服の貸与あり、駐車場（無償）あり、食堂あり、更衣室あり				
安 全 衛 生	派遣先及び派遣元事業主は、労働者派遣法第44条から第47条の4までの規定により課された各法令を遵守し、自己に課された法令上の責任を負う。				
労働者派遣契約の 解除の場合の措置	派遣労働者の責に帰すべき事由によらない労働者派遣契約の解除が行われた場合には、派遣先と連携して他の派遣先をあっせんする等により新たな就業機会の確保を図ることとする。 　また、これができないときは、まず休業等を行い雇用の維持を図るようにするとともに、休業手当の支払等労働基準法等に基づく責任を果たすこととする。 　さらにやむを得ない事由により解雇しようとする場合には、労働契約法の規定を遵守するとともに、解雇予告、解雇予告手当の支払等労働基準法等の責任を果たすこととする。				
派遣先が派遣労働者を 雇用する場合の紛争防 止措置	派遣労働者派遣の役務の提供の終了後、当該派遣労働者を派遣先が雇用する場合、派遣元に対してその雇用意思を事前に派遣元へ通知するものとする。 　なお、派遣元が職業紹介を行うことが可能である場合は、職業紹介を経由することとし、派遣先は職業紹介手数料を支払うものとする。				
労働・社会保険被保険者 資格取得届の提出の有無 （提出がない場合の理由）	厚生年金	☑ 有	□ 無（理由：		）
	健康保険	☑ 有	□ 無（理由：		）
	雇用保険	☑ 有	□ 無（理由：		）
派 遣 料 金	時間単価：　　　円（事業所平均値）				
備　　考	「労働契約期間」について「期間の定めあり」とした場合は、労働契約法第18条の規定により、有期労働契約（平成25年4月1日以降に開始するもの）の契約期間が通算5年を超える場合には、労働契約の期間の末日までに労働者から申込みをすることにより、当該労働契約の期間の末日の翌日から期間の定めのない労働契約に転換されます。ただし、有期雇用特別措置法による特例の対象となる場合は、この「5年」という期間は、本通知書の「契約期間」欄に明示したとおりとなります。				

深読み

署名捺印は必須ですか？

　労働条件通知書、雇用契約書いずれも、法的には署名捺印は必須ではありません。

　派遣会社が派遣社員に対して、署名捺印を求めるのは、記載された労働条件についての派遣社員との合意を明確にするためです。

最近は多くの派遣会社が、書面ではなく、派遣社員の希望を確認した上で、電子メールや SNS で交付するケースが増えているため、署名捺印を求める機会が少なくなりました。

2 シフト制勤務

 就業条件明示書で派遣社員の就業日や時間を「シフトによる」と定めている場合、シフト表は、契約締結時点で全契約期間分必要ですか？

A 全契約期間分のシフト表が必要です。

解説

派遣会社は、派遣社員へ就業条件を明示する義務があります。就業日や就業時間について、「シフトによる」のみの記載であれば、具体的な就業日や就業時間が明示されていないことになり、記載不足として労働局の指導の対象となります。そもそも、就業条件明示書は労働者派遣個別契約をもとに作成されるため、当然労働者派遣個別契約書についても、派遣契約締結時点で、全派遣期間分のシフト表を添付する必要があります。なお、労働者派遣個別契約書に添付するシフト表は、まだ誰を派遣するか決まっていない段階で作成するものなので、派遣社員の名前の記載のないものとなります。もし、派遣社員の名前が記載されていると特定行為になってしまい、労働局の指導の対象となるため、注意が必要です。

■シフト制における留意点

　シフト制とは、あらかじめ決められたスケジュールに基づき、就業日や就業時間が固定されている就業形態を言います。例えば、8時〜20時の間の8時間勤務で早番・中番・遅番があるような就業形態で、具体的な職種でいうと、稼働時間の長いコールセンターのオペレーターや社会福祉施設における介護職などで行われています。

　シフト制における就業条件明示では、以下の点に留意しましょう。

| 令和○年○月×日 (△) | | 営業時間 | 9:00〜20:00 | | 責任者 | | 山田　太郎 | | 作業場A | | | | |

氏名	担当業務	開始時間	終了時間	9:00	10:00	11:00	12:00	13:00	14:00	15:00	16:00	17:00	18:00	19:00	勤務時間
佐藤　孝	作業①	9:00	18:00				休憩								8時間
鈴木　豊	作業①	11:00	20:00						休憩						8時間
田中　優子	作業①	10:00	19:00					休憩							8時間
加藤　孝行	作業②	9:00	16:00				休憩								6時間
渡辺　恵子	作業②	13:00	20:00								休憩				6時間
人数				2	3	4	4	5	5	5	4	4	3	2	

〔始業・終業時刻〕

　派遣社員へ就業条件明示を行う時点で、すでに始業と終業の時刻が確定している場合、労働条件通知書兼就業条件明示書に「シフトによる」と記載するだけでは不十分です。労働日ごとの始業・終業時刻を明記するか、原則的な始業・終業時刻を記載した上で、全契約期間分のシフト表を併せて派遣社員へ交付する必要があります。

〔休日〕

　具体的な曜日等が確定していない場合でも、休日の設定にかかる基本的な考え方（週休2日など）を明記する必要があります。

　また、派遣先に労働基準法についての知識がある方がおらず、1日実働8時間を超える勤務や週40時間を超える勤務がある1カ月分のシフト表を作っ

た場合には、単なるシフト制ではなく、1カ月単位の変形労働時間制に当たります。変形労働時間制を採用するには、派遣会社において就業規則の規定や労使協定の締結等の手続きが必要となりますので、特に注意が必要です。

COLUMN　実際の話、派遣先は事前に全契約期間分のシフトを決めているか？

　答えは、ほとんどの場合 NO です。一般的には、「翌月の勤務シフトは当月○○日に決定する」というような決まりになっており、翌々月以降のシフトは決まっていないことがほとんどです。しかしながら、労働局の指導は、現実と異なり全契約期間分のシフト表の添付を要求されますので、実際の運用としては、派遣先に暫定的な全契約期間分のシフト表を提出してもらい、最終的には前月○○日に日程調整後決定するということを派遣社員へ説明して同意を取った上で、最終決定後のシフト表と差し替える形が多いようです。

COLUMN　変形労働時間制を適用している派遣会社は多いのか？

　「1カ月単位の変形労働時間制や1年単位の変形労働時間制を適用している派遣会社はありますか？」という質問をいただくことがよくあります。
　一部の派遣会社が派遣先の要望により派遣社員に対して適用しているケースはありますが、派遣先が変形労働時間制を採用しているからといって、直ちに派遣社員に対して適用できるわけではありません。原則としては、派遣会社が変形労働時間制を採用していないとその派遣社員への適用はできません。また、派遣社員の勤怠管理や時間外の計算方法が複雑で、一般的な給与計算システムでの対応が難しいことから、通常は「派遣社員に対して変形労働時間制は適用しない」としている派遣会社が大多数です。

3　教育訓練（労働者派遣法第 30 条の 2 第 1 項）

Q39　労働者派遣法で定められている派遣社員のための教育訓練にはどんなものがありますか？

A　派遣社員がキャリアアップを図れるような内容の教育訓練があります。

解説

　派遣社員は、正社員に比べ教育訓練の受講機会が少なく、同じ業務を続ける人も多いため、キャリアを積むことが難しい場合があります。この状況を改善するため、派遣会社には、派遣社員に対して段階的かつ体系的な教育訓練を実施することが労働者派遣法上義務付けられています。派遣会社は、以下の要件を満たす教育訓練計画を作成し、計画に従って実施しなければなりません。

> ①　雇用する派遣社員全員を対象とすること
> 　（1 年以上の雇用見込みがない有期雇用の派遣社員や日雇派遣社員
> 　　も対象とする）
> ②　有給かつ無償で行うこと
> ③　派遣社員がキャリアアップできる内容であること
> ④　派遣で働き始める時の教育訓練が含まれていること
> ⑤　無期雇用の派遣社員については、長期的なキャリアップ形成を目
> 　　指した内容であること

教育訓練の内容については派遣会社の裁量に委ねられていますが、ヨガ教室のような趣味的要素が強く、キャリア形成と無関係であるものは教育訓練として認められていません。また、派遣社員を雇用する際に、教育訓練の内容を説明する必要があります。

教育訓練の計画から実施までの流れ

教育訓練計画の作成	派遣許可・許可更新の際に必要（様式3号の2） キャリアアップに資する内容であることが要件

⬇

教育訓練計画の周知	派遣社員に周知 インターネット等により関係者に対し、情報を提供

⬇

教育訓練の実施 （派遣で働き始める時）	日雇派遣社員を含め全員が対象 有給かつ無償で実施

⬇

派遣就業開始時～3年	最初の3年間は、年1回以上の機会を提供。1年以上の雇用見込みのある派遣社員について、フルタイム勤務者に対しては毎年概ね8時間以上、短時間勤務の者に対しては、フルタイムの勤務時間に比例した時間分の訓練機会の提供が必要です。

「労働者派遣法の実務解説」（労働新聞社発行）を参考に作成

なお、事務系の派遣会社では、派遣社員が受講しやすいようにeラーニングによる教育訓練カリキュラムを用意しているケースが多い状況です。また、1日8時間実働の派遣先で就業した後に教育訓練を受講した場合や、週40時間の実働を超える時間帯で受講した場合には、派遣会社は、割増賃金分を加算した時給を派遣社員に対し支払わなければなりません。

派遣社員にはどのタイミングで教育訓練を受けるように連絡をするのですか？

（深読み）

前述のとおり、1年以上雇用見込みがある派遣社員については、1年に8時間の教育訓練を実施しなければなりません。「派遣会社は1

年の雇用見込みをどの時点で決定して、派遣社員へ教育訓練を受けるよう促すのか？」ということですが、大手の派遣会社では、入社後６カ月経過時点で更新が決まった派遣社員へお知らせを送り、１年経過するまでの間に受けてもらうような形が多いようです。

教育訓練を受ける必要のない派遣社員とはどんな人ですか？

　厚生労働省が作成した派遣に関する運用マニュアルである業務取扱要領には次のような記載があります。

　過去に同じ派遣会社の下で同じ内容の訓練を受けた者、訓練内容に係る能力を十分に有していることが明確な者については、訓練の対象者ではあるが、実際の訓練の受講に際しては受講済みとして扱って差し支えありません。

　すでに教育訓練を実施した社員に対しては、改めて教育訓練を実施しなくてもよいということになります。

　では「訓練内容に係る能力を十分に有していることが明確な者」とは、どのような派遣社員でしょうか？

　業務取扱要領には具体的な記載がありませんが、その業務を担当する上で、必要な知識・経験や資格を持っている人が当たります。例えば、経理事務であれば、実務経験が数年以上あり、かつ簿記検定２級以上の資格をもっている人などは、受講しなくても問題ありません。

■キャリアコンサルティングの機会の確保

　派遣会社は、派遣社員のキャリアアップを図るため、相談に乗る担当者を配置し、その窓口を周知しなければなりません。キャリアコンサルティングの担当者といっても、国家資格がなくても、キャリアコンサルティングに関する知識が多少あればなることができますので、派遣元責任者や営業、コーディネーターなどが担当している派遣会社も多いようです。なお、教育訓練と異なり、キャリアコンサルティングは、有料としても問題ありません。

COLUMN　キャリアコンサルティングは不人気？

　キャリアコンサルティングという名目では、残念ながら、あまり実施されていないようです。また、優良派遣事業者認定制度の資格取得を目指している一部の派遣会社を除けば、キャリアコンサルティングの相談窓口についても、派遣社員は利用していないような印象を受けます。

　しかしながら、実際には営業担当やコーディネーターが派遣社員から将来の仕事の相談をされて話をすることもキャリアコンサルティングの一種となりますので、もしかしたら、派遣社員へのフォローの一環として実施されているケースもあるのではないでしょうか…。

4　雇用安定措置 （労働者派遣法第30条）

Q 40　雇用安定措置とは、どういう対応を指しますか？

A 　派遣会社が派遣社員に対して行う義務の一つで、同一の組織単位での継続就業の見込みが一定期間以上※である派遣社員等に対し、派遣就業終了後の雇用継続を目的として実施する対応のことです。

解説

　派遣社員に対して行う雇用安定措置（雇用を安定させるために行う対応）に関する具体的内容は、以下のとおりです。

　A）１号措置　派遣先への直接雇用の依頼
　B）２号措置　従来の就業内容から大きく条件が異ならない、新たな派遣
　　　　　　　　先を紹介する。
　　　　　　　　派遣会社が無期雇用派遣社員にする（P.145 Q75 参照）。
　C）３号措置　派遣会社の内勤社員のように派遣会社が派遣以外で直接雇
　　　　　　　　用とする。
　D）４号措置　紹介予定派遣や今後の就業をサポートする教育研修等を実
　　　　　　　　施する。

　以上４つの対応がありますが、派遣社員がA）の対応を希望している場合は、一般的にはA）の対応をとることとなり、それが実現しない場合に、派遣会社はB）、C）、D）のいずれかの対応を行うことになります。

※一定期間以上というのは、
　①　同一の組織単位に継続して３年間派遣される見込みがある派遣社員
　②　同一の組織単位に継続して１年以上３年未満派遣される見込みがある
　　　派遣社員

　上記①②のパターンの派遣社員が対象になりますが、①に関しては、派遣会社に雇用安定措置を実施する義務があり、②に関しては、努力義務があります。

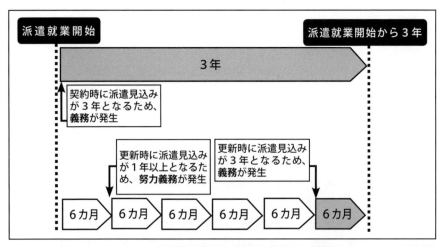

（厚生労働省作成資料　「雇用安定措置について」から抜粋）

深読み　派遣社員に対してどのタイミングで雇用安定措置の希望を聴きますか？

　　雇用安定措置を行うにあたっては、労働者派遣法で雇用安定措置の希望の聴取が義務付けられています。「実際に派遣会社はいつごろ派遣社員から希望を聴いていますか？」という質問をよく受けます。事務系派遣会社の多くは、2年もしくは2年半を経過する契約更新時期に派遣社員から雇用安定措置に関する希望を聴いているようです。派遣会社ごとにタイミングは異なりますが、あまり早く希望を聴いても、派遣社員から「まだわからない」と言われてしまうからです。

COLUMN　4つの雇用安定措置の中でよく行われるのは？

　　2号措置の対応が多いといえます。それは、3年間就業した業務に慣れた派遣社員を派遣先が引き続き派遣してほしいという要望が多く、それに対応する形で派遣会社が有期の派遣社員を無期雇用派遣社員にして同一の組織単位に派遣するケースが多いからです。なお、1号措置も比較的多い

といえますが、これは派遣社員が派遣先の社員になりたいからなれるというものではなく、派遣先が「ぜひ我が社の社員として直接雇用したい」という意思があって初めて実現するものです。当然直接雇用後の雇用区分（正社員 or 契約社員）とその待遇がキーポイントとなりますので、残念ながら派遣社員がお断りするケースもあります。

2号措置は、どこまで対応したら措置を講じたことになるのでしょうか？

業務取扱要領には、以下の記載があります。

能力、経験、居住地、就業場所、通勤時間、賃金等の以前の派遣契約により派遣されていた際の待遇等を踏まえ、合理的な範囲のものでなければならない。この待遇については、賃金のみならず福利厚生等幅広いものが含まれる。

ここでいう合理的な範囲とは、具体的には、その派遣社員が対応可能な仕事内容で、通勤時間や賃金が同等程度のものであることが考えられます。例えば、時給1,800円の派遣社員に対して時給1,200円の仕事を紹介するとか、事務経験しかない派遣社員に対して未経験の職種の仕事を紹介すること等は2号措置を講じたことになりにくいと考えられますので、そのような場合で派遣社員が了承しないケースでは、新たに他の仕事を紹介する必要があるのではないでしょうか…。

これに対し、派遣社員が対応可能な仕事内容で、通勤時間や賃金が同等程度の仕事を派遣会社が紹介した際に、派遣社員本人がその仕事を断った場合には、雇用安定措置を講じたことになると考えます。

COLUMN　無期から有期雇用派遣社員に転換するケースはあり？

　有期雇用派遣社員が抵触日の関係で３年経過後、雇用安定措置により派遣会社の無期雇用派遣社員となり、同一の派遣先で派遣就業しているケースはよくあります。その後、その派遣先との派遣契約が終了することになると、派遣社員に対して、派遣会社が決めた別の派遣先を紹介することになります。しかしながら、同じ派遣先の職場で３年を超えて就業することが目的で無期雇用派遣社員になった人からすれば、派遣会社が配置転換として新たに決めた就業先に魅力を感じないこともあります。そのような場合、一旦無期雇用派遣社員という雇用形態を辞めて自分の希望にあった条件に応募して再び有期雇用で就業するようなケースもあります。派遣社員は、仕事に対するこだわりはありますが、無期・有期に関してはあまりこだわらないのが実態かもしれません。

5　就業規則（労働基準法第 89 条）

内勤社員の就業規則とは別に派遣社員用の就業規則を作成したほうがいいですか？

A　内勤社員と派遣社員は勤務実態が異なるため、内勤社員の就業規則とは別に派遣社員用の就業規則を作成することをお勧めします。

解説

　派遣社員は、派遣会社と雇用契約を結んでいるため、派遣先ではなく派遣
会社の就業規則が適用されます。多くの派遣会社は、派遣社員の労働条件や
就業環境が内勤社員と異なるため、派遣社員用に別の就業規則を作成してい
ます。また、有期雇用の派遣社員と無期雇用の派遣社員でも労働条件が異な
る場合には、分けて就業規則を作成している会社も多いです。

■（登録型）派遣社員用就業規則の特徴（内勤社員用の就業規則との違い）

・労働時間、休日などが派遣先によって異なるため、画一的に定めることが
　困難。
・服務規律に関する条文では、会社だけでなく派遣先のルールに従うという
　記載が必要。
・有期の派遣社員については、休職制度を設けていない会社が多い。
・登録型の派遣社員は複数の派遣会社に登録していることが多く、副業（兼
　業）について記載していない会社が多い。
・派遣可能期間（抵触日）を考慮した無期雇用派遣社員への転換の記載があ
　る会社が多い。

■労働時間や休日についての記載例

始業・終業時刻や休日について、次のような記載例が考えられます。

第○○条　派遣社員の始業・終業時刻及び休憩時間は、個別の労働条
件通知書兼就業条件明示書に定める。

第○○条　派遣社員の休日は1週1日以上とし、個別の労働条件通知
書兼就業条件明示書に定める。

2　前項の休日のうち、法定休日を上回る休日は所定休日とする。

■派遣の許可更新に必要な文言

さらに派遣会社によっては、派遣の許可申請及び更新手続きに対応するた
め、次のような内容を就業規則に定めています。この内容は、労働条件通知
書兼就業条件明示書等への記載で代用することもできます。

---

① 教育訓練の受講時間を労働時間として扱い、相当する賃金を支払う
ことを原則とする。

② 無期雇用派遣社員を労働者派遣契約の終了のみを理由として解雇し
ない。

③ 有期雇用派遣社員について、労働者派遣契約終了時に労働契約が存
続している者については、労働者派遣契約の終了のみを理由として解
雇しない。

④ 無期雇用派遣社員又は有期雇用派遣社員であるが労働契約期間内に
労働者派遣契約が終了した者について、次の派遣先を見つけられない
等、使用者の責に帰すべき事由により休業させた場合には、労働基準
法第26条に基づく手当を支払う。

Q 42 就業規則の周知方法として会社内に備え付けておけばよいでしょうか？

A 派遣社員への周知方法としては不十分とみなされる恐れがあります。

解説

就業規則は、社員に対して周知する必要があります。就業規則の周知は、次のような方法を用いて行わなければならないとされています。

---

① 　常時会社内の見やすい場所に掲示するか、備え付ける
② 　書面を派遣社員に渡す
③ 　常時見られるようにホームページやイントラネットで公開する　等

---

①の方法は、一般の会社ではよしとされても、外部の派遣先で勤務している派遣社員については、派遣元の事務所に備え付けていても、派遣社員が派遣会社へ出向かないと確認できないわけですから周知方法として不十分といえます。過去には、就業規則の周知がなされていないことがきっかけで、労働紛争に発展したケースもありました。

以前は、就業規則を派遣社員ガイドブック等の中に記載して、手渡すケースも多くみられましたが、現在は、派遣会社のマイページに掲載し、就業規則を周知している派遣会社が多い状況です。最近では、スマートフォンのアプリを使って就業規則の周知を行っている派遣会社もあります。

■就業規則に付属する規程の周知も忘れずに！

　育児・介護休業や退職金などについては、別規程としている派遣会社も多いと思われます。別規程であっても就業規則の一部ですから、就業規則同様周知することを忘れないようにしましょう。

COLUMN　派遣社員がタトゥーを入れていることがわかったら？

　時々、「派遣社員がタトゥーを入れていることがわかり、タトゥー禁止である派遣先から人を入れ替えて欲しいと言われたが、どうすればよいか？」という相談が入ります。今どきの若者の間では、タトゥーもファッションの一部になっていて、以前に比べるとタトゥーのイメージは変わりつつあります。ただ、タトゥーを入れていることがわかった場合、派遣会社の一般的な就業規則には、「服務心得」といった条文があり、その中に「服装、化粧、髪型は清潔感があり、他の社員や派遣先の社員に対して、不快感、違和感を与えるものではないこと。」というような内容が記載されていますので、この規定をもとに、派遣社員に対し、「他の人にタトゥーを見せないように工夫をしてほしい。」という話をすることは可能です。

6　年次有給休暇（労働基準法第39条）

年次有給休暇が10日以上付与されている派遣社員に対して、派遣社員が希望しなくても付与日から1年以内に5日間の年次有給休暇を取得させなければなりませんか？

A 労働基準法で定められていますので、取得させなければなりません。

解説

　派遣会社は、年に 10 日以上の年次有給休暇を付与している派遣社員に対し、労働基準法の定めによりその有給休暇のうちの 5 日間については、付与日から 1 年以内に取得させなければなりません。どうしても派遣社員が自主的に 5 日間の年次有給休暇を取得しない場合には、派遣会社は派遣社員の意向を尊重した上で、時季を指定して年次有給休暇を与えなければなりません。例えば、年次有給休暇が付与された日から雇用契約終了日までの期間が短い場合や、業務上の引継があるため、現実的には取得が難しい場合等であったとしても、派遣会社は派遣社員に 5 日間の年次有給休暇を取得させなければなりません。なお、前年度の未消化分の年次有給休暇と合算して 10 日以上となるケースについては、この対象に含まれません。

■派遣社員の年次有給休暇の管理

　派遣先が変更になっても、派遣会社との雇用関係が継続していれば、年次有給休暇は消滅しません。派遣会社では、入社日が異なる派遣社員が働いているため、付与日が派遣社員ごとに異なります。また、付与する年次有給休暇の日数も就業実態により異なります。派遣会社が派遣社員に年次有給休暇を確実に取得してもらうためには、派遣社員一人ひとりの年次有給休暇の付与日、取得日、残日数を管理し、年間 5 日間の年次有給休暇の取得を推進する仕組みが必要です。

　事務系大手派遣会社では、年次有給休暇付与時点から 6 カ月後に 5 日間取得していない派遣社員に対してお知らせを行い、さらに 9 カ月経過時点では、営業担当やコーディネーターが派遣社員本人と話をして、年次有給休暇取得を促すような運用となっています。

■派遣先が年次有給休暇の取得を拒んだ場合

「繁忙期なので有給休暇をとられては困る」「引継ぎをしなくていけないので有給休暇をとらずに出勤してもらいたい」といった要望を派遣先から受けるケースがありますが、このような場合、派遣会社は本人が取得を希望した場合には、必ず年次有給休暇を付与する必要があることを説明しましょう。このようなケースにおける実際の運用としては、派遣社員に事情を説明した上で、いったん派遣期間中の年次有給休暇の取得を諦めてもらい、派遣契約終了後、雇用契約のみを延長して、取得できなかった日数分の年次有給休暇を取得させる等の対応をしている派遣会社もあります。

派遣会社は派遣社員に対し、年次有給休暇の時季変更権を行使できるのでしょうか？

　　　　　労働基準法上、会社は「社員から年次有給休暇の取得の希望があったときに、事業の正常な運営を妨げる場合、他の時季に与えることができる」という権利（いわゆる時季変更権）を持っています。しかしながら、この権利を派遣会社が派遣社員に対して行使することはなかなか難しいといわれています。なぜなら、「事業の正常な運営を妨げる場合」の「事業」とは、派遣会社の事業のことを指しているからです。そのため、派遣社員が年次有給休暇を取得することにより、派遣先の業務が回らなくても、派遣会社の事業の運営が妨げられていないのであれば、派遣会社は時季変更権を行使できないということになります。なお、実際には、派遣社員が年次有給休暇を取得する場合は、派遣先に対して「○月○日に休みます。」とあらかじめ伝え、「派遣先における事実上の調整」を行った上で、派遣会社に対して年次有給休暇の取得を請求するケースが多いです。

雇用期間が終わったら、直ちに年次有給休暇は消滅するのでしょうか？

　　派遣社員の場合、派遣先での就業期間（派遣期間）と同じ

期間の労働契約を派遣会社と結ぶケースがほとんどですが、派遣先での就業が終了次第、残っている年次有給休暇も消滅してしまうのではないかと心配する派遣社員もいます。しかし、派遣会社の実際の運用においては、すぐ消滅してしまうケースは少ないのではないでしょうか。事務系の派遣会社の多くは、次の派遣先での就業が決まらず、タイムシートベースで1カ月間以上の空白期間（派遣会社と労働契約を結んでいない期間）が生じない限り、「継続勤務」の扱いとして、年次有給休暇は消滅することなく有効としているところが多いようです。この空白期間の扱いに関しては、派遣会社ごとにルールが異なり、2カ月間以上の空白期間が生じない限り、年次有給休暇は消滅しないというような派遣会社も実際にあります。

7 休業手当（労働基準法第26条）

 Q44 派遣先から労働者派遣契約を途中で解除された場合、派遣会社は、残りの雇用契約期間について派遣社員に対して休業手当を支払う必要はありますか？

A 派遣会社は派遣社員に対して休業手当を払う必要があります。

 解説

労働基準法上、休業手当とは、会社の責任で労働者を休業させた場合に、労働者に対して支給する手当のことを言います。派遣会社は、労働者派遣契約の終了のみを理由として派遣社員を解雇することはできませんので、派遣

会社との雇用契約は継続します。この場合、派遣会社が新たな派遣先を紹介できないのであれば、派遣会社の責任で派遣社員を休業させたことになるため、残りの雇用契約期間について、派遣社員に対して休業手当を支払わなければなりません。

　例えば、派遣社員と 2 カ月の雇用契約を締結したにも関わらず、1 カ月で派遣先との労働者派遣契約が終了してしまった場合、派遣会社は派遣社員に対して残りの 1 カ月分の所定労働日について休業手当を支払わなければならないことになります。

　また、派遣先の都合による中途解除で派遣会社が派遣社員に対して休業手当を支払った場合には、派遣会社は派遣先に対して相当額の負担を求めることができることが労働者派遣個別契約書に記載されていますので、ほとんどの派遣会社は、派遣先と料金交渉をすることになります。実際に、派遣会社が派遣先に対して請求する派遣料金については、その派遣先との関係や取引状況によりますが、休業期間分の派遣料金を 100％請求するケースから実際に派遣社員に支払う休業手当額と同額を請求するケースまで様々です。

■休業手当の計算方法

　労働基準法で、休業手当は平均賃金の 60％以上とされています。

　平均賃金の計算は、原則は算定事由の発生した日以前 3 カ月間（雇入れ後の期間が 3 カ月に満たない者は雇入後の期間）に支払われた賃金の総額を基に次のように計算します。

① 原則（平均賃金）

　直前 3 カ月の賃金総額÷3 カ月の総日数（暦日数）

② 最低保障の平均賃金額（時間給、日給、出来高払制等の場合）

　直前 3 カ月の賃金総額÷3 カ月間の労働日数×0.6

平均賃金を計算する上で除外するもの

　①の賃金総額については、臨時に支払われた賃金（結婚祝い金等）及び３カ月を超える期間ごとに支払われる賃金（賞与等）等が除かれます。

　次の期間がある場合は、その日数及び賃金額は算定期間及び賃金総額から控除します。

- ・業務上負傷し、又は疾病にかかり療養のために休業した期間
- ・産前産後休業期間
- ・使用者の責めに帰すべき事由によって休業した期間
- ・育児・介護休業期間
- ・試みの使用期間（試用期間）

深読み

「台風が来るので早めに帰りなさい。」という指示でも休業手当の対象でしょうか？

　　　派遣先の社員が「台風が近づいてきたので、今後電車が止まる恐れがある。皆さん仕事を切り上げて早退してください。」と派遣社員に指示をすることがあります。派遣社員の安全のことを考えての判断で素晴らしい行動ですが、「指示に従って早退し、就業しない時間分は休業手当の支払の対象になりますよね？」と派遣会社に対して確認してくる派遣社員の方もいらっしゃいます。労働基準法では、会社の責めに帰すべき事由により社員を休業させた場合、休業手当を支払う必要があります。「今回のようなケースでも休業手当の対象になるのか？」と台風シーズンになると、毎年すばるに対して相談が寄せられます。電車を使っておらず、徒歩で通勤している派遣社員からすれば、早退する必要はなく、その分賃金が減ってしまうので困るという人もいるでしょう。遠方から出勤している派遣社員はこの判断はありがたいと考えるでしょう。結局、ケースバイケースで判断するしかないと考えます。

8　派遣社員の契約更新・雇止め（労働基準法第14条第2項）

派遣社員との契約を更新しない場合、何日前を目途に本人に伝えればいいでしょうか？

A 雇止めの予告が必要な場合、遅くとも契約期間満了日の30日前までに行うことが必要です。

解説

　労働基準法に基づく「有期労働契約の締結、更新及び雇止めに関する基準」によると、有期労働契約が3回以上更新されている場合、又は、1年を超えて継続して雇用されている場合（いずれについても、あらかじめこの契約を更新しない旨明示されている場合を除く）には、契約期間満了日の30日前までに雇止めの予告が必要とされています。

　そのため、多くの派遣会社は、派遣先に対して派遣契約終了予定日の60日前から45日くらい前までに「派遣契約の更新希望、又は本契約をもって終了」のいずれかの確認を行います。一般的に、派遣契約期間と派遣社員の雇用契約期間は一致しているため、派遣先から派遣契約終了の通知が入り次第、速やかに派遣社員に雇用契約が満了による終了となる旨を伝えます。

　労働基準法と違って、派遣先が「派遣契約の更新・終了の意思を○○日前に派遣会社に通知しなくていけない。」という法律等は存在しないため、期間ぎりぎりになって終了と派遣先から言われると派遣会社は困ることから、労働者派遣基本契約書に次のような条文を入れているところが多いといえます。

【基本契約書のサンプル】

（個別契約期間満了の予告）
第○○条　甲（派遣先）は、乙（派遣元）との個別契約の締結に際し、当該個別契約の更新を行わないときには、個別契約の期間が満了する日の 30 日前までに、乙（派遣元）にその旨を通知するよう努めるものとする。

■派遣社員から雇止め通知書が欲しいと言われた場合

契約更新 3 回以上又は 1 年を超えて継続して雇用されている派遣社員（あらかじめこの契約を更新しない旨明示されている場合を除く）の雇用契約を更新しない場合には、契約期間満了の 30 日前までに予告しなければならず、この場合、派遣社員が雇止めの理由についての証明書（雇止め通知書）を請求した場合は、必ず派遣会社は交付しなければなりません。

なお、更新回数が 3 回未満かつ契約期間が 1 年以内の派遣社員から同様の請求があった場合には、派遣会社は雇止め通知書を出す必要はありません。

雇止め通知書に記載する理由の例としては、以下のようなものがあります。

◉ 担当していた業務が終了

◉ 事業縮小のため

◉ 勤務状況不良のため

　能力不足を理由に更新を見送ることもありますが、その場合、派遣社員から不当な雇止めだと訴えられる場合があります。

　実態として、以下の内容を問われるケースもありますので、注意が必要です。

- 業務を行う際に事前に仕事の進め方に関する説明がきちんと行われていたか？
- 具体的な目標設定がされていたか？
- 能力不足について注意喚起をしたか？
- 勤務成績の評価が適正に行われたか？

■退職した派遣社員から「7日以内に賃金を全額払ってください。」と言われた場合

　雇用契約期間満了により退職した派遣社員がそのように言ってきた場合には、本人の要求に応じなければなりません。労働基準法では、「社員の退職又は死亡の場合に、権利者（本人を含む）の請求があった場合7日以内に賃金等を支払うこと」を会社に義務付けています。会社は、賃金に関して、計算方法や支払日等を就業規則で定めていますが、労働基準法が就業規則よりも優先されますので、「次回の賃金支給日は2週間後なので、その時まで待ってください。」と断ることはできません。

第2章
こんな場合はどうする？
（派遣実務で迷うポイント）

◆1 日雇派遣

派遣先と派遣期間 30 日の派遣契約を締結し、無期雇用派遣社員を派遣する場合、労働者派遣法上禁止されている日雇派遣にあたりますか?

A 日雇派遣にあたりません。

　日雇派遣とは、日々又は 30 日以内の期間を定めて雇用する日雇労働者を派遣する場合のことであり、雇用期間が 31 日以上の労働契約を締結している無期雇用社員を派遣する場合は、日雇派遣にあたらないからです。

　<u>根拠:労働者派遣法第 35 条の 4 第 1 項</u>

雇用期間が 31 日以上の労働契約を締結して、その期間中、派遣社員をA社へ 2 週間、B社へ 1 週間、C社へ 2 週間派遣する場合、労働者派遣法上禁止されている日雇派遣にあたりますか?

A 日雇派遣にあたりません。

　雇用期間が 31 日以上あれば、日雇派遣にはあたらないからです。

　<u>根拠:改正に関するQ&A【日雇派遣の原則禁止について】問 2</u>

雇用期間が 31 日以上の労働契約を締結すれば、週の所定労働時間が 12 時間であっても、労働者派遣法上禁止されている日雇派遣にあたらないのですか？

A　禁止されている日雇派遣にあたります。

　日雇派遣にあたらないためには、雇用期間が 31 日以上あるだけでなく、労働契約期間内の就労時間の合計を週単位に換算した場合に「概ね 20 時間以上」であることが必要だからです。

<u>根拠：改正に関するＱ＆Ａ【日雇派遣の原則禁止について】問 3</u>

派遣社員として当初から 2 つの派遣先での就業が決まっているのであれば、派遣契約に合わせて、雇用契約を 11 月 1 日〜 11 月 30 日（Ａ社）、12 月 1 日〜 12 月 31 日（Ｂ社）とわけて締結しても、Ａ社での就業は労働者派遣法上禁止されている日雇派遣にあたらないのですか？

A　禁止されている日雇派遣にあたります。

　この場合、2 つの派遣先での就業が決まっていることから、派遣契約に合わせるのではなく、雇用期間 11 月 1 日〜 12 月 31 日とする 1 つの雇用契約を締結すれば、Ａ社での就業は日雇派遣にあたりません。

<u>根拠：労働者派遣法第 35 条の 4 第 1 項</u>

世帯収入が 500 万円以上（夫・妻・子の 3 人世帯）で、主たる生計者以外の妻を日雇派遣に従事させる場合の収入確認書類は、主たる生計者である夫の分だけ提出してもらえばいいですか？

A 主たる生計者である夫の分だけでなく、世帯全員の収入確認書類を提出してもらう必要があります。

本問のケースでは、夫、妻、子 3 人分の所得証明書（課税・非課税証明書）等の収入確認書類を提出してもらう必要があります。

　　根拠：業務取扱要領第 6 の 17（5）ロ

紹介予定派遣として派遣する場合は、週概ね 20 時間未満の就業であっても日雇派遣のルールが適用されず、適法に派遣することができますか？

A 違法なため、派遣することはできません。

紹介予定派遣であっても「派遣」であるため、日雇派遣のルールが適用されるからです。

そのため、紹介予定派遣として派遣する場合であっても、週概ね 20 時間未満の就業であれば、禁止の例外（業務や 60 歳以上や年収要件等）にあたらない限り、違法となり、派遣できないことになります。

　　根拠：改正に関する Q & A【日雇派遣の原則禁止について】問 3

◆2 離職後 1 年以内の派遣禁止

 65 歳定年のＡ社で働いているＢさん（60 歳）が自己都合で 10 月 31 日にＡ社を退職しました。11 月 1 日からＡ社に派遣することはできますか？

A できません。

　離職後 1 年以内の派遣禁止の例外として派遣可能な「60 歳以上の定年退職者」とは、60 歳以上、かつ、定年退職者であることが必要だからです。本問のケースは、「60 歳以上」ですが、「定年退職者」にあたらないため、派遣することはできません。

　　根拠：労働者派遣法第 40 条の 9 第 1 項
　　　　　労働者派遣法施行規則第 33 条の 10 第 1 項

 Ａ社を 60 歳で定年退職したＢさんが、その後Ｃ社のパート社員として勤務し、10 月 31 日にＣ社を退職しました。11 月 1 日からＣ社に派遣することはできますか？

A できます。

　離職後 1 年以内の派遣禁止の例外として派遣可能な「60 歳以上の定年退職者」とは、派遣先となる会社を定年退職した者に限られず、他の会社を 60 歳で定年退職した者も含まれるからです。

　　根拠：労働者派遣法第 40 条の 9 第 1 項
　　　　　労働者派遣法施行規則第 33 条の 10 第 1 項

A社（出向元）からB社（出向先）に在籍型出向中のXさん（50歳）ですが、A社を退職した後すぐにB社に派遣することはできますか？

A できません。

　在籍型出向の場合、出向労働者は出向元、出向先の双方との間に労働契約関係があるため、出向先であったB社へ派遣することは、派遣先を離職した労働者を離職後1年以内に派遣することになるからです。

　　　<u>根拠：労働者派遣法第 40 条の 9 第 1 項</u>
　　　　　　<u>労働者派遣法施行規則第 33 条の 10 第 1 項</u>

◆3 同一労働同一賃金（労使協定方式）

派遣社員から、退職金制度がないので、賃金を決める際に退職金は考慮されていないのではないかと言われました。退職金は考慮されていないのでしょうか？

A 退職金は考慮されています。

　自社の賃金テーブル（通常は別表2（P.37Q15参照）として作成）の派遣社員の賃金を、別表1の同種の業務に従事する一般の労働者の平均的な賃金の額＝基準値及び基準値に能力・経験調整指数を乗じた値×地域調整（1円未満の端数切り上げ）×退職金5％上乗せ1.05（1円未満の端数切り上げ）と同額以上の額となるように設定するため（合算方式）、退職金は考慮されているといえるからです。

 1,075円×東京1.139 = 1,225円（1円未満の端数切り上げ）
　　 1,225円×退職金5％上乗せ1.05 = 1,287円（1円未満の端数切り上げ）
　　 別表2　時給1,290円≧別表1　1,287円

　根拠：労働者派遣法第30条の4第1項第2号イ

派遣社員から、賞与制度がないので、賃金を決める際に賞与について考慮されていないのではないかと言われました。賞与は考慮されていないのでしょうか？

A 賞与は考慮されています。

　局長通達別添1（令和4年賃金構造基本統計調査による職種別平均賃金）、

別添2（職業安定業務統計の求人賃金を基準値とした一般基本給・賞与等の額）ともに基準値には賞与が含まれているため、これらを用いて別表1の同種の業務に従事する一般の労働者の平均的な賃金の額を計算し、それと同額以上の別表2の自社の賃金テーブルを作成している以上、賞与は考慮されているといえるからです。

<u>根拠：労働者派遣法第30条の4第1項第2号イ</u>

Q 12 労使協定の別表に用いる能力・経験調整指数は、記載のある決まった年数しか使うことはできないのですか？

A 決まった年数以外も使うことができます。

統計上の制約から、能力・経験調整指数として、「1年」、「2年」、「3年」、「5年」、「10年」、「20年」が示されていますが、例えば、派遣社員の能力及び経験が「0.5年」、「4年」などに相当する場合には、これらの年数を使ってもよいとされているからです。

<u>根拠：労使協定方式に関するQ&A（集約版）令和5年1月31日公表問2−8、2−9</u>

Q 13 労使協定の別表の能力・経験調整指数「0.5年」を使う場合はどうやって計算するのですか？

A （「0年」に相当する額＋「1年」に相当する額）÷2で計算します。

　例えば、「０年」に相当する額が 1,200 円、「１年」に相当する額が 1,300
円だとすると、「0.5 年」に相当する額は、(1,200 円＋ 1,300 円) ÷ 2 ＝ 1,250
円となります。なお、１円未満の端数が出た場合は切り上げます。

根拠：労使協定方式に関する Q&A（集約版）令和 5 年 1 月 31 日公表問 2 － 8

労使協定に記載されていない地域の派遣先や職種への派遣
を始める場合はどうすればいいですか？

A　あらかじめ労使協定にこれらの地域指数や職種の賃金テーブルを追
加する必要があります。

　追加の方法としては、覚書によることになります。覚書によって追加せずに、
労使協定に記載されていない地域の派遣先や職種への派遣を行った場合には、
これらの派遣については、労使協定方式ではなく派遣先均等・均衡方式によ
ることになります。

根拠：労働者派遣法第 30 条の 4 第 1 項本文

締結した労使協定は派遣社員にだけ周知すればいいです
か？

A　派遣社員を含む派遣会社のすべての社員に対して周知しなければな

りません。

なお、周知する方法は以下のとおりです。

① 書面の交付の方法

② 次のいずれかを労働者が希望した場合

　• ファクシミリ（FAX）を利用してする送信の方法

　• 電子メール等の送信の方法（電子メール、SNS については、記録を出
　　力することにより書面を作成することができるものに限る。）

③ 電子計算機に備えられたファイル、磁気ディスクその他これらに準ず
　る物に記録し、かつ労働者が当該記録の内容を常時確認できる方法（マ
　イページ、社内のイントラネット、ホームページへの掲載等）

④ 常時会社の各事業所の見やすい場所に掲示し、又は備え付ける方法（労
　使協定の概要について、①又は②の方法によりあわせて周知する場合に
　限る。）

　　　　根拠：労働者派遣法第 30 条の 4 第 2 項
　　　　　　　労働者派遣法施行規則第 25 条の 11

Q16 労使協定に基づいて行った評価の結果がよければ、職務内容が同じでも賃金テーブルのランクが上がりますか？

A 原則として賃金テーブルのランクは上がりません。

　通常、派遣社員の賃金テーブルは、職務の内容（難易度）に応じて設定さ
れていることが多いからです。そのため、職務内容が変わった場合に賃金テー
ブルのランクが上がることになります。なお、職能給の賃金テーブルを設定
している場合には、賃金テーブルのランクが上がることもあります。

　　　　根拠：労働者派遣法第 30 条の 4 第 1 項第 2 号、第 3 号

労使協定に基づいて行った評価の結果がよく、当社の賃金を上げる基準に該当しました。この場合、職務内容が同じで賃金テーブルのランクが上がらないことを理由として、賃金を上げないことができますか？

A できません。

　賃金テーブルのランクが上がらなくても、同じランクの中で賃金を上げることは可能であり、評価結果が社内の賃金を上げる基準に該当している以上、賃金を上げなければならないからです。

　　根拠：労働者派遣法第30条の4第1項第2号ロ、第3号

派遣社員に対して評価を実施する際に、「1年以上就業している派遣社員」などと評価対象を限定することはできますか？

A 評価対象を限定することはできません。

　労働者派遣法上、評価対象を限定することは認められていないため、労使協定に評価実施時期を定め、その時点で在籍しているすべての派遣社員に対して、評価を実施する必要があるからです。

　　根拠：労働者派遣法第30条の4第1項第3号

113

派遣社員に対して評価を実施する際に、実際の就業先である派遣先に協力してもらうつもりです。ただし、派遣先での就業期間が短い派遣社員については、派遣先による評価が難しいため、当社のみで評価が可能な勤怠等によって評価しようと思っています。このように派遣社員の就業期間によって評価基準をわけることは可能ですか？

A 可能です。

　労働者派遣法上、労使協定に定められた評価実施時期に在籍しているすべての派遣社員に対して、評価を実施する必要はありますが、具体的な評価基準についてもすべての派遣社員について同一とすることまでは求められていないからです。

　　　　根拠：労働者派遣法第30条の4第1項第3号

労働者派遣法上、労使協定に基づいて行った評価結果を派遣社員に対してフィードバックすることは求められていますか？

A 求められていません。

　労働者派遣法上求められているのは、派遣社員の職務の内容、職務の成果、意欲、能力又は経験その他の就業の実態に関する事項を公正に評価して賃金を決定することであり、派遣社員に対して評価結果をフィードバックすることまでは求められていないからです。ただし、派遣社員からフィードバックを求められた場合には、評価について説明する義務があります。

根拠：労働者派遣法第 30 条の 4 第 1 項第 3 号、第 31 条の 2 第 4 項

Q21 労使協定を締結した過半数労働者代表が、労使協定の有効期間中に退職しました。すぐに後任の過半数労働者代表を選出する必要がありますか？

A 必要はありません。

　適正に選出された過半数労働者代表と労使協定を締結すれば、その後過半数労働者代表が退職したとしても労使協定は有効だからです。そのため、次年度の労使協定の締結等、労働者代表の選出手続きを行うことが必要となった時点で選出することになります。

根拠：労働者派遣法第 30 条の 4 第 1 項

Q22 労使協定方式を選択している場合、労働者派遣事業報告書に添付する労使協定はどの分ですか？

A 労働者派遣事業報告書の提出年の 6 月 1 日時点で有効期間中のすべての労使協定を添付する必要があります。

　例えば、令和 5 年 6 月に提出する労働者派遣事業報告書であれば、令和 5 年 6 月 1 日の時点で有効期間中の令和 5 年度分（有効期間令和 5 年 4 月 1 日〜令和 6 年 3 月 31 日）の労使協定を添付することになります。労働者派遣の

実績がなかった場合や協定対象の派遣労働者がいなかった場合でも、6月1日時点で労使協定を締結している場合は添付が必要です。

根拠：労働者派遣法第23条第1項
　　　労働者派遣法施行規則第17条第3項

労使協定には公正に評価する規定と賃金の改善を行う規定が必須ですか？

A　必須です。

これらの規定がない場合には指導されます。

根拠：労働者派遣法第30条の4第1項第2号ロ、第3号

労使協定についてよく指導されるケースは何ですか？

A　別表1の同種の業務に従事する一般の労働者の平均的な賃金の額の計算について、1円未満の端数切り上げとなっていないケースについてです。

この点については、電卓を使って計算すれば、誤りかどうかが明らかだからです。別表1の同種の業務に従事する一般の労働者の平均的な賃金の額の

計算については、例えば、合算方式をとる場合だと、基準値及び基準値に能力・経験調整指数を乗じた値×地域調整（1円未満の端数切り上げ）×退職金5％上乗せ1.05（1円未満の端数切り上げ）と2回、1円未満の端数を切り上げることになります。この点については、Excel の ROUNDUP 関数を使った上で、念のため検算までしておくことをおすすめいたします。

根拠：労使協定方式に関する Q&A（集約版）令和5年1月31日公表問2－3

 有効期間が終了した労使協定は破棄してもいいですか？

A 有効期間が終了した日から起算して3年を経過する日まで保存する必要があります。

そのため、有効期間が終了したからといってすぐに破棄することはできません。

根拠：労働者派遣法施行規則第25条の12

◆4　派遣料金

 派遣料金の請求については自由に決めていいのですか？

A　構いません。

派遣料金の請求については、労働者派遣法上何ら定めがないからです。

<u>根拠：上記のとおり。</u>

◆5　労働者派遣個別契約書

 労働者派遣法上、「派遣料金の額」は労働者派遣個別契約書の法定記載事項ですか？

A　法定記載事項ではありません。

　労働者派遣個別契約書に派遣料金を記載しているのは、商取引上、派遣先との間において重要な事項である派遣料金に関する定めを明確にするためです。これに対し、就業条件明示書に派遣料金の額が記載されているのは、労働者派遣法上明示義務があるからです。

<u>根拠：労働者派遣法第26条第1項、第34条の2</u>

労働者派遣個別契約書に派遣社員の具体的な通勤手当の金額を「通勤手当 15,250 円」と記載しました。この記載は労働者派遣法上問題がありますか？

A 特定行為となるため、問題があります。

　労働者派遣個別契約書を交わした時点では、「派遣人員 1 名」との記載のみで、誰が派遣社員として就業するかは決まっていないはずです。それにもかかわらず、派遣社員の具体的な通勤手当の金額を記載するということは、個々の派遣社員の特定そのものだからです。なお、請求する上限金額として「通勤手当 15,000 円」と記載することは可能です。

　　　根拠：労働者派遣法第 26 条第 6 項

労働者派遣個別契約書に、派遣先の指揮命令者を複数記載することは可能ですか？

A 可能です。

　労働者派遣法上、指揮命令者の人数についての定めはないからです。ただし、実際に派遣就業する派遣社員が混乱しないよう、「総務課の備品管理業務に関する指揮命令者は A、総務課の福利厚生業務に関する指揮命令者は B」等と、派遣社員がどの業務についてどの指揮命令者から業務指示を受けることになるのかについて、明記する必要があります（就業条件明示書についても同様です）。

　　　根拠：労働者派遣法第 26 条第 1 項第 3 号

有料職業紹介の許可を受けていない場合にも、労働者派遣個別契約書の派遣先が派遣労働者を雇用する場合の紛争防止措置の欄に「職業紹介を経由して行うこととし、紹介手数料として、派遣先は派遣元事業主に対して、支払われた賃金額の●●分の●●に相当する額を支払うものとする。」と記載することができますか？

A 記載することはできません。

　職業紹介の許可を受けていない事業所は、職業紹介を行って、紹介手数料を得ることができないからです。

　　根拠：派遣元指針第2の2　(2)　ロ

◆6　派遣先通知書

派遣先通知書とともに提示する派遣社員が適正に雇用保険及び社会保険に加入していることの証明書類には、何がありますか？

A 資格取得届や被保険者証の写し等があります。

　雇用保険及び社会保険に加入していることが証明できるのであれば、必ずしも資格取得届や被保険者証の写しでなくても構いません。そのため、健康

保険・厚生年金保険資格取得確認及び標準報酬決定通知書や雇用保険被保険者資格取得等確認通知書（被保険者通知用・事業主通知用）を証明書類として提示することもできます。

根拠：労働者派遣法第 35 条第 1 項第 5 号
　　　労働者派遣法施行規則第 27 条第 4 項、第 27 条の 2
　　　平成 27 年 9 月 30 日施行の改正労働者派遣法に関する Q&A［第 2 集］Q 24

◆7　派遣元管理台帳

派遣会社が行うべき教育訓練を派遣先が代わりに実施してくれた場合、派遣元管理台帳に記載する必要がありますか？

A　記載する必要があります。

　派遣会社としては、この場合、派遣先での教育訓練を行った日時及び内容について派遣先から通知を受ける必要があります。

根拠：労働者派遣法第 37 条第 1 項第 10 号

Q 33 短期の派遣しか行わない場合は、派遣元管理台帳に雇用安定措置の項目がなくても構いませんか？

A 項目は設ける必要があります。

　雇用安定措置は、派遣元管理台帳の法定記載事項のため、雇用安定措置の対象者がおらず、記載することがないとしても、項目を設けていない場合には、項目不足として、指導票の対象となる可能性があるからです。

　　　根拠：労働者派遣法第37条第1項第9号

Q 34 派遣社員から希望する雇用安定措置の内容を聴取した場合、派遣元管理台帳には何を記載すればいいですか？

A 聴取した日時及び希望する雇用安定措置の内容を記載することが必要です。

┌─────────────────────────────────────
│ **記載例** 希望する雇用安定措置の内容
│ 　　　　　令和○年○月○日　派遣先への直接雇用の依頼を希望（雇用形態：正社員）
└─────────────────────────────────────

　　　根拠：労働者派遣法第37条第1項第13号
　　　　　　労働者派遣法施行規則第31条第10号

◆8 派遣元責任者

派遣元責任者は、親会社からの在籍出向者でも問題ありませんか？

A 問題ありません。

　在籍型出向の場合、出向者は出向先とも労働契約関係があることになるため、出向先である派遣会社にとって「自己の雇用する者」にあたるからです。ただし、親会社からの在籍出向者を派遣元責任者とする場合には、出向先で派遣元責任者として専念する旨の誓約書（出向元からの証明）を提出する必要があります。

　　根拠：労働者派遣法第36条
　　　　労働者派遣法施行規則第29条第1号

現在、21歳で派遣元責任者になることができますか？

A できません。

　2022年4月から成年年齢が18歳になりましたが、派遣元責任者の選任要件には、「成年（民法第4条に規定する成年。以下同じ。）に達した後、3年以上の雇用管理の経験を有する者」との要件があるため、2022年4月以降、18歳で成年に達した方が、成年に達した後3年以上の雇用管理の経験を有することになるのは、2025年4月以降だからです。2025年4月以降、21歳

で派遣元責任者になることができます。

> 根拠： 労働者派遣法第 36 条
> 　　　　民法第 4 条

Q37 東京都内に本社がある派遣会社が、鹿児島市内の派遣先に派遣することは可能ですか？

A 可能です。

　派遣事業所の許可基準の中に「派遣元責任者が苦情処理等の場合に、日帰りで往復できる地域に労働者派遣を行うものであること」との基準がありますが、鹿児島市内であれば、東京から日帰りで往復できる地域にあたるからです。

> 根拠： 労働者派遣法第 7 条第 1 項
> 　　　　業務取扱要領第 3 の 1 （8）ロ（ロ）⑫

◆9 派遣可能期間の制限

「抵触日通知」と「待遇に関する情報提供」をまとめて１つの通知としてもらうことは問題ありませんか？

A 問題ありません。

　どちらも派遣先からもらう時期が「労働者派遣契約締結前」であるため、それぞれの法定記載事項を網羅していれば、まとめて１つの通知とすることが可能だからです。

　　根拠：労働者派遣法第26条第4項、第7項

派遣先が派遣会社に対して行う「抵触日通知」は必ず書面によらなければなりませんか？

A 必ずしも書面による必要はありません。

　書面以外にもファクシミリや電子メール送信等でも通知することができます。なぜなら、通知の方法は、「書面の交付等」によることとされており、書面の交付等とは、「書面の交付若しくはファクシミリを利用してする送信又は電子メール等の送信の方法（当該電子メール等の受信をする者が当該電子メール等の記録を出力することにより書面を作成することができるものに限る。）」のことだからです。

　　根拠：労働者派遣法第26条第4項
　　　　　労働者派遣法施行規則第24条の2、22条の2
　　　　　業務取扱要領第5の2（2）ハ

派遣先からもらった抵触日通知の右上に日付が入っている
のですが、この日付についても法的な記載義務があります
か？

A 法的な記載義務はありません。

ただし、いつもらったかを明らかにするためには、記載しておくことをお
すすめいたします。

根拠：労働者派遣法第26条第4項

 1日のみの日雇派遣の場合も、派遣先から抵触日通知をも
らう必要がありますか？

A 抵触日通知をもらう必要があります。

抵触日通知について、日雇派遣の場合は不要であるといった例外がないか
らです。

根拠：労働者派遣法第26条第4項

派遣先が「事業所単位の派遣可能期間」を延長するため、事業所単位の期間制限の抵触日の6カ月前に、過半数労働組合等に対して意見聴取を行うことは早すぎるためできませんか？

A できます。

　事業所単位の派遣可能期間延長のための意見聴取は、労働者派遣が開始された日から事業所単位の期間制限の抵触日の1カ月前の日までの間（意見聴取期間）に行うことが求められており、実施時期については業務取扱要領によると、「意見聴取期間内であれば問題はないが、意見聴取の趣旨が常用代替が生じていないかの判断を現場の労使が行うことにある点にかんがみると、労働者派遣の役務の提供の受入開始に接近した時点よりも、ある程度の期間経過した後の方が望ましい。」とされているのみです。そのため、抵触日の1カ月前ギリギリに行うのではなく、半年前や1年前に意見聴取を行うことも可能です。実務的には、6カ月位前から1カ月前までの間に実施している派遣先が多いのではないかと思われます。

　　根拠： 労働者派遣法第40条の2第3項
　　　　　業務取扱要領第7の5（4）へ（ロ）

派遣先の事業所において、派遣可能期間の延長の意見聴取の期限（抵触日の1カ月前）を過ぎた場合は、延長は認められませんか？

A 原則として延長は認められません。

　ただし、過半数労働組合等のやむを得ない事情により、抵触日の1カ月前

までに予定していた意見聴取が1カ月前の日を経過してしまった場合や、意見聴取を拒否した場合（当該行為が客観的に認められるときに限る。）であって、派遣先が適切な手続に則って意見聴取しようと働きかけたと客観的に認められる場合は、延長が認められる場合があります。

<u>根拠：平成27年9月30日施行の改正労働者派遣法に関するQ&A［第2集］Q21</u>

 事業所単位の期間制限について意見聴取をせず、延長できなかった派遣先には、誰も派遣してはいけないのですか？

A 無期雇用派遣社員又は60歳以上の派遣社員については派遣可能です。

無期雇用派遣社員又は60歳以上の派遣社員については、そもそも事業所単位の期間制限の適用がないからです。

<u>根拠：労働者派遣法第40条の2第1項第1号、第2号</u>

 有期と無期両方の派遣社員を受け入れていた派遣先において、途中から無期雇用派遣社員のみとなり、最後の有期雇用派遣社員の派遣終了から3カ月を超える期間が経過した場合、事業所単位の期間制限はリセットされますか？

A 事業所単位の期間制限はリセットされます。

無期雇用派遣社員については事業所単位の期間制限の適用がないため、有

期と無期の派遣社員が混在している派遣先において、無期雇用派遣社員のみ
となった場合は、有期雇用派遣社員の労働者派遣の終了後3カ月を超えた時
点で、事業所単位の期間制限はリセットされるからです。

根拠：労働者派遣法第40条の2第1項第1号
　　　平成27年9月30日施行の改正労働者派遣法に関するQ&A［第2集］Q9

派遣先の事業所単位の期間制限について、事業所を分割又
は統合した場合、法人が合併した場合、別法人へ譲渡した
場合、それぞれ事業所単位の期間制限の抵触日はどうなり
ますか？

A 組織構成や業務内容及び指揮命令系統の変更如何にかかわらず、派
遣先の抵触日が統合先等に引き継がれることになります。

複数の事業所間で統合等を実施した場合で、それぞれ抵触日が異なる場合
は、その中で「最も早い抵触日」で統一するので、統合等の日を新たな起算
日とはしません。

根拠：平成27年9月30日施行の改正労働者派遣法に関するQ&A［第3集］Q1

個人単位の期間制限の抵触日よりも前に、事業所単位の期
間制限の抵触日が到来する予定です。この場合、事業所単
位の派遣可能期間を延長しなければ、引き続き派遣するこ
とはできませんか？

A そのとおりです。

　個人単位の期間制限と事業所単位の期間制限とは、別々のルールであり、両方適用されるからです。そのため、事業所単位の期間制限が延長されなければ、事業所単位の期間制限の抵触日の前日までしか派遣することができません。

<u>根拠：平成 27 年 9 月 30 日施行の改正労働者派遣法に関する Q&A［第 2 集］Q 12</u>

 個人単位の期間制限の抵触日よりも前に到来する事業所単位の期間制限の抵触日を就業条件明示書に記載することはできますか？

A　できます。

　個人単位の期間制限と事業所単位の期間制限とは、別々のルールであり、事業所単位の期間制限については延長の可能性があるからです。

<u>根拠：平成 27 年 9 月 30 日施行の改正労働者派遣法に関する Q&A［第 2 集］Q 12</u>

 個人単位の期間制限の抵触日をむかえることになった派遣社員を引き続き同じ派遣先の組織単位で就業させる方法がありますか？

A　無期雇用派遣社員として雇用して派遣する方法があります。

　無期雇用派遣社員については、個人単位の期間制限の適用がないからです。

<u>根拠：労働者派遣法第法第 40 条の 2 第 1 項第 1 号</u>
<u>　　　平成 27 年 9 月 30 日施行の改正労働者派遣法に関する Q&A［第 2 集］Q 28</u>

派遣社員が 60 歳以上の場合、個人単位の期間制限の適用
はないが、事業所単位の期間制限の適用はありますか？

A 　個人単位の期間制限、事業所単位の期間制限、両方とも適用されま
せん。

　雇用機会の確保が特に難しい 60 歳以上の者については、あらゆる就業の可
能性を認める必要があるため、派遣労働への固定化防止という個人単位の期
間制限の趣旨及び常用代替防止という事業所単位の期間制限の趣旨があては
まらないからです。

　　　根拠：労働者派遣法第 35 条の 3、第 40 条の 2 第 1 項第 2 号

労働者派遣個別契約書の記載を無期雇用者又は 60 歳以上
に限定しています。この場合も抵触日通知をもらうことが
必要ですか？

A 　不要です。

　無期雇用者又は 60 歳以上の場合、事業所単位の期間制限の適用がないから
です。

　　　根拠： 労働者派遣法第 40 条の 2 第 1 項第 1 号、第 2 号
　　　　　　平成 27 年 9 月 30 日施行の改正労働者派遣法に関する Q&A ［第 2 集］ Q 16

同一の派遣先事業所で、月～水は総務課、木金は営業課で就業している有期雇用派遣社員（60歳未満）がいます。この場合の事業所単位の期間制限、個人単位の期間制限はどのように考えるべきですか？

A 事業所単位の期間制限は１つ、個人単位の期間制限は２つ考える必要があります。

　派遣先事業所は同一ですが、総務課と営業課という２つの組織単位で就業しているからです。例えば、2023年11月１日から総務課で、同年12月１日から営業課で就業を開始したのであれば、総務課での就業は2026年10月31日まで、営業課での就業は同年11月30日まで可能となります。

　　　根拠：労働者派遣法第35条の２、第35条の３、第40条の２第１項、第２項

別の派遣会社からＡ社総務課に有期雇用派遣社員として３年間派遣されていたＢさんを、当社が有期雇用派遣社員として雇用し、引き続きＡ社総務課に派遣することはできますか？

A できません。

　個人単位の期間制限の抵触日のカウントについては、同一の派遣社員について、派遣先の同一の組織単位における就業の日と次回の就業の日との間の期間が３カ月以下であれば、派遣会社が異なる場合であってもリセットされないからです。そのため、ＢさんをＡ社総務課に派遣することができるのは、無期雇用派遣社員として雇用する場合、又は有期雇用派遣社員として３カ月と１日後以降（例えば、11月30日退職なら３月２日以降）に雇用する場合

となります。

<u>根拠：派遣先指針第2の14 (4)</u>

2023年11月30日まで別の派遣会社からA社総務課に3年間派遣されていたBさん（無期雇用派遣社員）を有期雇用派遣社員として雇用し、同年12月1日からA社総務課に派遣することはできますか？

A できます。

　無期雇用派遣社員については、個人単位の期間制限の対象外のため、Bさんに個人単位の期間制限が適用されるのは、有期雇用派遣社員として雇用され、A社総務課に派遣される12月1日からだからです。この場合、個人単位の期間制限の抵触日は2026年12月1日となります。

<u>根拠：労働者派遣法第35条の3、第40条の2第1項第1号</u>

派遣先A社総務課で3年就業した派遣社員が、産休・育休を取得して1年間休業した場合、育休終了後再び同じ派遣先の組織単位であるA社総務課で就業することができますか？

A できます。

　産休・育休を取得したことにより、A社総務課で就業していない空白期間が1年あり、「3カ月超」（3カ月と1日）のクーリング期間があるため、個人単位の期間制限に関する通算期間がリセットされるからです。そのため、

育休終了後最長3年A社総務課で就業することができます。なお、このような取扱いが認められるためには、産休・育休中は、派遣先での就業を行っていないことを明確にする必要があります。そのため、産休・育休中は、労働条件通知書兼就業条件明示書ではなく、労働条件通知書のみを作成して交付することになります。

> **労働条件通知書記載例**　就業場所：○○派遣会社本社人事部

　　根拠：派遣先指針第2の14（4）

　事業所を分割又は統合した場合、法人が合併した場合、別法人へ譲渡した場合、個人単位の期間制限の抵触日は、どうなりますか？

A　原則として、統合等の前の抵触日が引き継がれます。

　個人単位の期間制限については、組織構成、業務内容及び指揮命令系統により組織単位の変更の有無を判断するものであり、いずれも変更がない場合は、統合等の前の抵触日が引き継がれるからです。また、統合等によりこれらの要素のいずれかが変更された場合でも、実質的に組織単位に変更はないとみなすべき場合は、統合等の前の抵触日が引き継がれることになります。

　　根拠：平成27年9月30日施行の改正労働者派遣法に関するQ&A［第3集］Q1

派遣先の従業員の産休・育休代替要員として、有期雇用派遣社員を4年間派遣し、この派遣終了後、同一の組織単位の他の業務又は同じ業務へ有期雇用派遣社員として再度派遣することはできますか？

A できます。

　産休・育休代替要員としての派遣は、個人単位の期間制限の対象外だからです（事業所単位の期間制限についても同様に対象外です）。

　　根拠：平成27年9月30日施行の改正労働者派遣法に関するQ&A［第2集］Q13

産休・育休代替要員として派遣する場合、派遣社員を2人派遣することは可能ですか？

A 可能です。

　派遣先の正社員の産休・育休期間中に、派遣社員を代替要員として派遣する場合、正社員が行っていた業務量が多く、派遣社員1人では対応できないこともあります。そのような場合は、2人同時に産休・育休代替要員として派遣することができます。

　　根拠：労働者派遣法第26条
　　　　　労働者派遣法施行規則第21条第1項

◆ 10　紹介予定派遣

紹介予定派遣の場合も返戻金制度は適用されますか？

A　適用されます。

　紹介予定派遣は最長6カ月の派遣が認められており、派遣先にとって見極める期間が十分あるため、返戻金制度がなじまないようにも思えますが、派遣会社が紹介予定派遣を行う場合には、職業紹介を行う以上、返戻金制度を設けているのであれば紹介予定派遣の場合であっても例外なく適用されることになるからです。そのため、紹介予定派遣の場合、返戻金制度を適用しないこととするためには、「紹介予定派遣の場合には返戻金制度は適用しない」旨を定めておくことが必要です。

　　根拠：職業安定法第32条の13
　　　　　職業安定法施行規則第24条の5第1項第2号

◆ 11　タイムシート

派遣先から毎月送られてくるタイムシートは、いつまで保存が必要ですか？

A　その完結の日（賃金支払期日がその完結の日より遅い場合には、賃金支払期日）又は労働者派遣の終了の日のいずれか遅い日から3年間保存が必要となります。

　派遣先から毎月送られてくるタイムシートは、労働基準法の「その他労働関係に関する重要な書類」にあたるため、その完結の日（賃金支払期日がその完結の日より遅い場合には、賃金支払期日）から5年間（当分の間、3年間）保存が必要です。また、派遣元管理台帳の一部にもなりますので、労働者派遣の終了の日から3年間保存が必要です。

　このように、両方の起算日が異なるため、例えば、派遣が終了したのが2023年11月30日で、派遣社員の賃金計算期間を当月1日～末日、賃金支払期日を翌月15日と定めている会社のケースであれば、遅い日である2023年12月15日から起算して3年間保存が必要となります。

　　　根拠：労働基準法第109条
　　　　　　労働基準法施行規則第56条第1項第5号、第2項
　　　　　　改正労働基準法等に関するQ&A令和2年4月1日Q2-3
　　　　　　労働者派遣法第37条第2項
　　　　　　労働者派遣法施行規則第30条第3項、第32条

Q61　派遣先から毎月送られてくるタイムシートはどのように保存しておけばいいですか？

A　紙だけでなく、パソコン上で保存しておくことも可能です。

　派遣先から送られてくるタイムシートを電子化（例：PDF化してパソコンに取り込む等）してパソコン上で保存する場合は、必要に応じて出力することにより、直ちに明瞭かつ整然とした形式で表示及び書面を作成できるようにしなければなりません。また、労働基準監督官等の臨検時等、直ちに必要

事項が明らかにされ、提出し得るシステムとなっていることが必要です。

<u>根拠：厚生労働省の所管する法令の規定に基づく民間事業者等が行う書面の保存等に</u>
<u>おける情報通信の技術の利用に関する省令別表第1、別表第2</u>

◆12 インターネットによる情報提供

 インターネットによる情報提供が必要な労使協定の有効期間の終期については、いつ変更すればいいですか？

A 最新の労使協定締結後に変更する必要があります。

　毎年6月の労働者派遣事業報告書の提出を待って変更する項目もあるかと思われますが、労使協定の有効期間の終期については締結後すぐに変更可能だからです。

<u>根拠：業務取扱要領第4の4 (2)</u>

◆13 募集・登録

自社ホームページに「派遣社員としての登録は営業経験者に限る」と記載した上で、派遣社員を募集することは可能ですか？

A 可能です。

　派遣社員の募集について対象者を限定することは、労働者派遣法上何ら禁止されていないからです。

　　根拠：上記のとおり。

派遣社員になるための登録段階で、病歴について確認することはできますか？

A 業務に関係のある病歴についてのみ確認することができます。

　応募者の適性・能力に基づいた基準により採用選考を行うことが求められるからです。

　業務に関係のある病歴とは、例えば、倉庫作業員としての就業を希望している方に対し、重い荷物を運ぶことがあるため、腰痛の持病があるかどうかを確認する場合などが考えられます。

　　根拠：公正な採用選考の基本｜厚生労働省 WEB

◆14　労働条件通知書兼就業条件明示書

Q 65　労働条件通知書兼就業条件明示書には、登録型派遣の場合は、雇用期間＝派遣期間となるので、派遣期間のみ記載すればいいですか？

A　雇用期間と派遣期間の両方を記載する必要があります。

　労働条件通知書兼就業条件明示書として1つの書面で交付する場合には、2つの書面の法定記載事項を網羅する必要があるからです。そのため、労働条件通知書の法定記載事項である「雇用期間」と、就業条件明示書の法定記載事項である「派遣期間」の両方の記載が必要となります。なお、雇用期間＝派遣期間ですので、「雇用期間・派遣期間」と1つにまとめて記載することも可能です。

　　　根拠：業務取扱要領第6の13（6）ト

◆15　教育訓練

Q 66　入職時の教育訓練は、必ず労働契約を締結し、かつ、労働者派遣の開始前に実施しなければなりませんか？

A　労働契約を締結して実施することは必要ですが、労働者派遣の開始

前に実施することまでは求められていません。

　ただし、入職時の教育訓練という趣旨を踏まえると、労働者派遣の開始前
や開始直後に行うことが適当です。

<u>根拠：平成 27 年 9 月 30 日施行の改正労働者派遣法に関する Q&A　Q 8</u>

労働安全衛生法に基づく安全衛生教育は労働者派遣法上の
教育訓練にあたりますか？

A　あたりません。

　労働安全衛生法に基づく安全衛生教育については、キャリアアップ措置と
しては認められず、キャリアアップ措置の実施実績時間にも算入しません。

<u>根拠：平成 27 年 9 月 30 日施行の改正労働者派遣法に関する Q&A　Q 10</u>

入職時の教育訓練を実施した場合の賃金は、いくら払えば
いいですか？

A　派遣社員が派遣先で働く際の時間給を支払う必要があります。

　労働者派遣法上の教育訓練は有給かつ無償で実施されるものであること、
教育訓練の実施時間は、労働基準法上の労働時間と同様の扱いをすることを

原則とし、当該取扱いを就業規則又は労働契約に規定する必要があり、その場合の賃金の額は、原則として通常の労働の場合と同額（＝派遣社員が派遣先で働く際の時間給）とすべきであるとされているからです。

根拠：業務取扱要領第6の3（3）ロ
平成27年9月30日施行の改正労働者派遣法に関するQ&A［第3集］Q4

 Q69 派遣社員が再入社した場合、入職時の教育訓練を行う必要がありますか？

A 過去に同じ内容の訓練を受けていた場合には不要です。

過去に同じ派遣会社で同じ内容の訓練を受けた者については、訓練の対象者ではあるが、実際の訓練の受講に際しては受講済みとして扱って差し支えないとされているからです。

根拠：業務取扱要領第6の3（3）イ

 Q70 入職時の教育訓練は、日雇派遣社員に対しても行う必要がありますか？

A そのとおりです。

入職時の教育訓練の対象は、すべての派遣社員だからです。雇用期間が1年以上見込みの常用的な派遣社員のみならず、登録型の有期雇用派遣社員や

日雇派遣社員も対象となります。なお、訓練の対象者であっても、過去に同じ派遣会社で同じ内容の訓練を受けた者、訓練内容に係る能力を十分に有していることが明確な者については、実際の訓練の受講に際しては受講済みとして扱って差し支えないとされています。

根拠：業務取扱要領第6の3 (3) イ

◆16 雇用安定措置

 雇用安定措置の希望の聴取は、雇用安定措置の実施が義務付けられている「同一の組織単位に継続して3年間の派遣見込みがある派遣社員」に対してのみ行えばいいですか？

A 「同一の組織単位に継続して1年以上の派遣見込みがある派遣社員等」に対しても行う必要があります。

　雇用安定措置の希望の聴取の対象は、「雇用安定措置」の実施義務対象である「同一の組織単位に継続して3年間の派遣見込みがある派遣社員」に限られておらず、「同一の組織単位に継続して1年以上の派遣見込みがある派遣社員等」についても対象とされているからです。

根拠：労働者派遣法第30条
　　　労働者派遣法施行規則第25条の2第3項

派遣社員から雇用安定措置の希望を聴取した場合、必ず希望どおりの雇用安定措置を実施しなければなりませんか？

A 必ずしも希望どおりの雇用安定措置を実施しなければならないわけではありませんが、聴取した希望する雇用安定措置の内容を踏まえて、実施するよう努めなければなりません。

どの雇用安定措置を実施するかについては、派遣社員の意向を尊重することが重要だからです。

根拠： 労働者派遣法第30条
　　　 労働者派遣法施行規則第25条の2第3項
　　　 業務取扱要領第6の2　(6)

別の派遣会社からA社総務課に派遣されて1年間就業したBさんが当社に入社し、継続して（派遣開始までの間に1カ月空けて）偶然同じA社総務課に派遣されることとなりました。当社での派遣就業が2年見込みとなった時点で、Bさんに対して雇用安定措置を講じる義務が課されますか？

A そのとおりです。

BさんをA社総務課に派遣した時点で、BさんはすでにA社総務課で1年間就業していることになるため、その後派遣就業が2年見込みとなった時点で、「同一の組織単位に継続して3年間の派遣見込みがある派遣社員」にあた

るからです。

根拠：労働者派遣法第 30 条第 2 項
　　　平成 27 年 9 月 30 日施行の改正労働者派遣法に関する Q&A［第 3 集］Q 3

派遣社員が複数の派遣先において、継続して 3 年間就業していた場合、その者に対して雇用安定措置を講じる義務が派遣会社に課されますか？

A 雇用安定措置を講じる義務は課されません。

　同じ派遣先かつ同一の組織単位に継続して 3 年間派遣される見込みがある派遣社員が雇用安定措置の義務対象者ですので、複数の派遣先で就業している場合は義務対象者にあたらないからです。また、雇用安定措置の義務対象者は、「3 年間派遣される見込みがある派遣社員」ですので、例えば、すでに 2 年 9 カ月間、同一の組織単位に継続して派遣されていて、さらに 3 カ月の契約更新が決まった派遣社員は、この時点で雇用安定措置の義務対象者となります。3 年間の派遣就業期間満了時に初めて雇用安定措置を講じる義務が生じるわけではありません。なお、無期雇用派遣社員は、同じ組織単位に 3 年間継続就業していても、雇用安定措置の対象となりません。

根拠：労働者派遣法第 30 条第 2 項
　　　業務取扱要領第 6 の 2　(4)

個人単位の期間制限の抵触日をむかえる有期雇用派遣社員を無期雇用派遣社員として雇用し、引き続き同一の派遣先事業所の組織単位に就業させる場合はどの雇用安定措置にあたりますか？

A　2号の「新たな派遣先の提供」にあたります。

　3号にあたると勘違いすることもありますが、3号の「派遣会社での無期雇用」とは、派遣社員以外として無期雇用（例えば、派遣会社の内勤で営業職として雇用等）することをいうからです。

<u>　根拠：平成27年9月30日施行の改正労働者派遣法に関するQ&A［第2集］Q 28</u>

◆17　就業規則

就業規則で定める基準を個別の労働契約で定める労働条件が上回る場合は、どちらが適用されますか？

A　個別の労働契約で定める労働条件が適用されます。

　個別の労働契約において、労働者と使用者の間で就業規則よりも有利な労働条件について合意していた場合は、労働契約が優先するからです。これに対し、個別の労働契約で定める労働条件が就業規則で定める基準に達しない場合には、その部分については無効となり、無効となった部分は就業規則で定める基準によることになります。

<u>　根拠：労働契約法第7条ただし書、労働契約法第12条</u>

◆ 18　労働時間

 出張時の移動時間は労働基準法上の労働時間にあたりますか？

A　原則として、労働基準法上の労働時間にあたりません。

　出張時の移動時間については、労働者が日常の出勤に費やす時間と同一性質であると考えられるため、通勤時間と同様、労働時間にあたらないとされているからです。これに対し、出張の目的が物品の運搬であり、物品の監視をしなければならないなど出張の移動そのものが業務性を有する場合には、労働時間にあたることになります。

　　　根拠：昭和 23 年 3 月 17 日基発第 461 号
　　　　　　昭和 33 年 2 月 13 日基発第 90 号

◆ 19　36 協定

 有効期間 2023 年 11 月 1 日からの 36 協定を同年 10 月中に締結し、11 月 6 日に労働基準監督署に届け出ました。この 36 協定は記載どおり 11 月 1 日から有効でしょうか？

A　届出日である 11 月 6 日から有効です。

36協定は、これを締結し、労働基準監督署に届け出た場合に労働時間を延長し、又は休日に労働させることができるとされているため、届け出てはじめて有効となるからです。

根拠：労働基準法第36条第1項

派遣社員に対しては、派遣先が締結した36協定が適用されるのですか？

A 派遣会社が締結した36協定が適用されることになります。

労働時間・休憩・休日については、派遣先が管理し、責任を負うのですが、その枠組みの設定に関しては、派遣会社で行う必要があるからです。

根拠：労働基準法第36条第1項
　　　平成21年3月31日基発第0331010号
　　　労働者派遣法第44条第2項

◆20　年次有給休暇

入社時は週3日勤務だった派遣社員が、半年後の年次有給休暇付与日時点では週5日勤務となっていた場合、年次有給休暇は何日付与する必要がありますか？

A　10 日付与する必要があります。

　年次有給休暇は付与日に発生するため、付与日時点の所定労働日数をもとに付与することになるからです。

　<u>根拠：昭和 63 年 3 月 14 日基発第 150 号</u>

週 4 日勤務の派遣社員であれば、勤続 6 カ月時に要件をみたした場合、比例付与で 7 日年次有給休暇を与えればいいですか？

A　週 4 日勤務であっても、週の所定労働時間が 30 時間以上の場合は比例付与ではなく、10 日付与しなければなりません。

　年次有給休暇の比例付与の要件は、「週所定労働日数が 4 日以下かつ週所定労働時間が 30 時間未満であること」だからです。

　<u>根拠： 労働基準法第 39 条第 3 項</u>
　　　　<u>労働基準法施行規則第 24 条の 3</u>

週 4 日勤務（所定労働日は月、火、水、木）の派遣社員は、金曜日に年次有給休暇を取得することができますか？

A　できません。

年次有給休暇は、労働義務の免除を受けるものであるため、労働義務のない所定休日である金曜日に年次有給休暇を取得することはできないからです。

根拠：昭和31年2月13日基収第489号

派遣社員が産前休業を請求後、年次有給休暇を5日取得してから産休に入りたいと言い出しました。当社としては年次有給休暇を5日取得させなければなりませんか？

A 取得させる必要はありません。

年次有給休暇は、労働義務のある日についてのみ請求できるものであるため、産前休業請求後、労働義務のない産前休業期間中の日について年次有給休暇を請求することはできないからです。

根拠：平成3年12月20日基発第712号参照（育児休業申出後の年次有給休暇の指定）

無期雇用派遣社員に対し、新たな派遣先を提供できず、休業させることになりました。休業開始前に取得を申し出ていた場合でも、年次有給休暇の取得日が休業開始後の日付であれば取得させなくてもいいですか？

A 取得させる必要があります。

休業開始前に取得を申し出たのであれば、年次有給休暇の取得日が休業開始後の日付であっても、所定労働日についての年次有給休暇の取得といえるからです。これに対し、休業開始後に取得を申し出た場合は、休業日につい

ては労働義務が免除されており、年次有給休暇の取得ができないことから、
取得させる必要はありません。

　　　　根拠：労働基準法第 39 条第 1 項、第 2 項

所定労働日数が少なく、付与される年次有給休暇が 10 日
未満の派遣社員について、前年度から繰り越した日数を含
めると年次有給休暇の残日数が 10 日以上あります。この
派遣社員に対して、会社が年次有給休暇を年 5 日取得させ
る義務がありますか？

A　取得させる義務はありません。

　会社が、年次有給休暇を年 5 日取得させなければならないのは、「当年度に
付与される法定の年次有給休暇の日数が 10 日以上である労働者」であって、
前年度から繰り越した年次有給休暇の日数は含まないからです。

　　　　根拠：労働基準法第 39 条第 7 項
　　　　　　　厚生労働省「年 5 日の年次有給休暇の確実な取得　わかりやすい解説　2019
　　　　　　　年 4 月施行」Q 4

勤続 6 カ月となり、2023 年 11 月 1 日に年次有給休暇を 10
日付与された派遣社員（所定休日は土日祝日）が、11 月 6
日に本人の都合で契約を更新せず、退職することが決まっ
ています。この者に対しても、会社が年次有給休暇を 5 日
取得させる義務がありますか？

A 取得させる義務はありません。

　年次有給休暇が付与された11月1日から退職日である11月6日までの期間における労働日が3日しかなく、年次有給休暇を5日取得させることが不可能だからです。なお、この場合、会社は派遣社員に年次有給休暇を3日取得させなければなりません。

　根拠：厚生労働省「年5日の年次有給休暇の確実な取得　わかりやすい解説　2019年4月施行」Q14参照

 派遣社員についても、時間単位での年次有給休暇取得制度を設けました。派遣社員が、1日の所定労働時間相当分の時間単位の年次有給休暇を取得した場合、1日分として、会社が取得させるべき年5日の年次有給休暇から控除することができますか？

A 控除することはできません。

　これに対し、半日単位の年次有給休暇を取得した場合には、取得1回につき0.5日として、会社が取得させるべき年5日の年次有給休暇から控除することができます。

　根拠：厚生労働省「年5日の年次有給休暇の確実な取得　わかりやすい解説　2019年4月施行」Q3

 年次有給休暇を取得した場合、所定労働時間労働した場合に支払われる通常の賃金を支払っています。所定労働時間が日によって異なる派遣社員（時給制）が年次有給休暇を取得した場合に支払う賃金はどうなりますか？

A 年次有給休暇を取得した日の所定労働時間分の賃金を支払うことになります。

「所定労働時間労働した場合に支払われる通常の賃金」とは、年次有給休暇取得日に働くはずであった所定労働時間分の賃金だからです。日によって1日の所定労働時間が異なる場合、年次有給休暇取得日の所定労働時間によって支払う賃金が変わります。例えば、月、水、金の1日の所定労働時間が5時間、火、木の1日の所定労働時間が3時間の派遣社員の場合、月曜日に年次有給休暇を取得した場合は5時間分の賃金を、火曜日に年次有給休暇を取得した場合は3時間分の賃金を支払うことになります。

根拠：労働基準法第39条第9項

◆21 休業手当

Q89 入社3カ月未満の派遣社員を休業させた場合の平均賃金の計算方法を教えてください。

A 平均賃金の計算については、算定事由の発生した日（休業日）は含まず、その前日から遡って3カ月で計算することになりますが、賃金締切日がある場合は、直前の賃金締切日から遡って計算します。算定期間が3カ月に満たない場合は、入社日以降を算定期間とします。

例 2023年11月1日入社、賃金計算期間当月1日〜末日、賃金支払期日翌月10日で、2024年1月15日、16日に休業させた場合

2023/11/1 〜 11/30	暦日数 30日	賃金総額（月給制）	285,000円
2023/12/1 〜 12/31	暦日数 31日	賃金総額（月給制）	285,000円
合計	61日		570,000円

平均賃金 570,000円÷61日＝9,344円26銭（銭未満を切捨て）

　なお、休業手当の支払額は、9,344円26銭×0.6×2日（休業日数）＝11,213円（円未満四捨五入）となります。

　　　<u>根拠：労働基準法第12条</u>

派遣社員の休業手当についての労働基準法第26条の「使用者の責に帰すべき事由」があるかどうかの判断は、派遣先について行いますか？

A 派遣会社について行います。

　派遣先の事業場が、天災地変等の不可抗力によって操業できないために、派遣社員を就業させることができない場合であっても、「使用者の責に帰すべき事由」がないとは必ずしもいえません。派遣会社において、他の事業場に派遣する可能性等を含めて、その責に帰すべき事由があるかどうかを判断することになります。

　　　<u>根拠：労働基準法第26条</u>
　　　　　<u>昭和61年6月6日基発第333号</u>

1日の就業時間9時〜18時（休憩1時間、所定労働時間8時間、平均賃金10,000円、時給1,500円）の派遣社員を4時間勤務させて派遣先の都合で帰らせた場合に、派遣会社は休業手当を支払わなければなりませんか？

A　休業手当を支払う必要はありません。

　一部休業の場合は、現実に就労した時間に対して支払われる賃金が平均賃金の60％以上であれば、休業手当の支払は不要だからです。

　現実に就労した時間に対して支払われる賃金1,500円×4時間＝6,000円
≧平均賃金の60％ 10,000円×0.6＝6,000円

根拠：労働基準法第26条
　　　昭和27年8月7日基収第3445号

就業規則には、休業手当は「平均賃金の100分の60」と定めているのですが、派遣社員から「賃金を100％支払ってほしい」と言われた場合、派遣会社は応じる義務がありますか？

A　応じる義務はありません。

　労働基準法上、休業手当は「平均賃金の100分の60以上の手当」とされており、同じ内容を就業規則にも定めているからです。なお、民事上の争い（裁判）となった場合には、就業規則等に、賃金請求権について民法第536条第2項の適用を排除する明文規定がない場合には、同条項を適用し、会社に対して賃金全額の支払義務が課される可能性があります。民法第536条第2項とは、「債権者（会社）の責めに帰すべき事由により債務者（従業員）が就労できなくなったときは、債権者（会社）は、反対給付（賃金請求権）の履行

を拒むことができない（つまり、従業員は 100％の賃金請求ができる）。」という規定です。

> 根拠： 労働基準法第 26 条
> 　　　　民法第 536 条第 2 項

◆ 22　雇止め

 有期労働契約を更新しない場合に、雇止めの予告が必要となる派遣社員について教えてください。

A ①有期労働契約が 3 回以上更新されている派遣社員、又は、②1 年を超えて継続して雇用されている派遣社員（①②いずれについても、あらかじめ当該契約を更新しない旨明示されているものを除く）については雇止めの予告が必要です。

　雇止めの予告は、少なくとも契約期間が満了する日の 30 日前までに行わなければなりません。

> 根拠： 労働基準法第 14 条第 2 項
> 　　　　有期労働契約の締結、更新及び雇止めに関する基準

契約期間３カ月の有期労働契約を２回更新した派遣社員から、雇止めの理由についての証明書を請求された場合、交付しなければなりませんか？

A 交付する必要はありません。

　雇止めの理由についての証明書を交付しなければならないとされているのは、雇止めの予告の対象となる「有期労働契約が３回以上更新されている派遣社員」又は「１年を超えて継続して雇用されている派遣社員」だからです。

　　根拠： 労働基準法第 14 条第 2 項
　　　　　有期労働契約の締結、更新及び雇止めに関する基準

雇止めの予告が必要な派遣社員に対して、雇止めの予告を行ったのが契約期間満了日の 15 日前でした。この場合、解雇予告手当の支払が必要となりますか？

A 解雇予告手当の支払は不要です。

　雇止めは、有期雇用契約において、更新せずに契約を終了させることであり、「契約期間満了」にあたり、会社側からの一方的な通知により雇用契約を終了させる「解雇」ではないからです。

　　根拠： 労働基準法第 20 条第 1 項、第 14 条第 2 項
　　　　　有期労働契約の締結、更新及び雇止めに関する基準

◆ 23 退職証明書

 3年前に退職した派遣社員から、新たな就職先に提出するとのことで退職証明書の交付を請求されました。かなり前のことなので、拒否することができますか？

A 拒否することができます。

退職証明書の交付を請求する権利は、「この法律の規定による災害補償その他の請求権」にあたるため、時効は2年だからです。

<u>根拠：労働基準法第 115 条</u>

◆ 24 無期転換

 入社以来ずっと派遣先の同じ組織単位で3年就業し、個人単位の期間制限の抵触日をむかえた派遣社員は、必ず無期雇用派遣社員として雇用しなければなりませんか？

A 必ず無期雇用派遣社員として雇用する必要はありません。

派遣先の同じ組織単位で3年就業し、個人単位の期間制限の抵触日をむかえた派遣社員を引き続き同じ組織単位で就業させるためには、無期転換し、無期雇用派遣社員として雇用する必要がありますが、派遣先の別の組織単位や他の派遣先で就業させる場合には、有期雇用のままでも構いません。派遣

社員が無期転換申込権を行使できるのは、有期労働契約の通算契約期間が5年を超える場合だからです。

　　根拠：労働契約法第 18 条

 有期雇用派遣社員として4年 10 カ月雇用され、2023 年 8 月 31 日付で自己都合により退職した者が、同年 11 月 1 日から 3 カ月間、再び有期雇用派遣社員として雇用されることになりました。この者は、入社後すぐに無期転換申込権を行使することができますか？

A そのとおりです。

　いったん退職した場合であっても、同一の使用者との間で有期労働契約を締結していない期間（契約がない期間）が、一定以上続かない限り、契約がない期間の前の通算契約期間を通算しなければならないからです。契約がない期間が一定以上続いた場合、契約がない期間の前の通算契約期間が通算対象から除外されることを「クーリング」といいます。契約がない期間の前の通算契約期間が 10 カ月を超えている場合、クーリングされるためには、契約がない期間が 6 カ月以上あることが必要となりますが、本問のケースでは契約がない期間が 2 カ月しかないため、クーリングされないからです。そのため、通算契約期間は 4 年 10 カ月＋3 カ月＝5 年 1 カ月となり、5 年を超えるため、入社後すぐに無期転換申込権を行使することができます。

　　根拠：労働契約法第 18 条

◆25 テレワーク

Q99 派遣社員がテレワークにより就業する場合、労働者派遣個別契約書の就業の場所の欄は、「派遣労働者の自宅」と記載すればいいですか？

A そのとおりです。

個人情報保護の観点から、派遣社員の自宅の住所まで記載する必要はありません。

> **記載例** テレワークによる就業を基本とし、必要が生じた場合（週1～2日程度）に派遣先の事業所に出社して就業する場合
>
> 派遣先の事業所：○○株式会社○○営業所
> 就 業 の 場 所：派遣労働者の自宅
> 　　　　　　　　ただし、業務上の必要が生じた場合には、○○株式会社○○営業所○○課○○係での週1～2日程度の就業あり
> 　　　　　　　　（〒●●●-●●●● ○○県○○市○○○○ Tel＊＊＊＊-＊＊＊＊）

根拠：労働者派遣法第26条第1項第2号
派遣労働者等に係るテレワークに関するQ&A（令和2年8月26日公表（令和3年2月4日更新））問1-1

Q100 派遣社員が自宅でテレワークにより就業している場合、派遣会社及び派遣先は定期的に派遣社員の自宅を巡回する必要がありますか？

A 電話やメール、ウェブ面談等により就業状況を確認することができ

る場合には、派遣社員の自宅まで巡回する必要はありません。

　派遣社員のプライバシーにも配慮が必要だからです。なお、定期巡回の目的は、派遣社員の就業状況が労働者派遣契約に反していないことの確認等ですので、派遣社員のテレワークが労働者派遣契約に反せず適切に実施されているかどうか、派遣社員の就業状況を実際に確認できることが必要です。そのためには、例えば、

①　派遣先の指揮命令の方法等をあらかじめ派遣社員と合意し、労働者派遣契約等において定めておくこと

②　日々の派遣社員の業務内容に係る報告を書面（電子メール等の電子媒体によるものを含む。）で明示的に提出させること

等により確認することが考えられます。

　根拠：派遣労働者等に係るテレワークに関するQ&A（令和2年8月26日公表（令和
　　　　3年2月4日更新））問2-1

派遣先の大阪支社が東京本社に統合されたため、派遣社員は大阪の自宅でテレワークをすることになりました。この場合、労使協定方式の賃金を決定する際の地域指数は大阪のままですか？

A　東京の地域指数を用いることになります。

　地域指数の選択については、「派遣先の事業所その他派遣就業の場所」で判断するものであり、具体的には、派遣先責任者を選任することとなる事業所の単位であり、派遣労働者がテレワークにより就業する自宅は、これに当たらないとされているからです。

　根拠：派遣労働者等に係るテレワークに関するQ&A（令和2年8月26日公表（令和
　　　　3年2月4日更新））問5-2

労使協定方式において実費支給として通勤手当を支払っている派遣社員が、原則自宅でのテレワーク、週1～2日出社勤務を行っている場合、通勤手当の支払はどうなりますか？

A 派遣先事業所に出社する日数分のみ通勤手当を支払うことになります。

　自宅において就業することにより、通勤にかかる実費が生じていない場合には、結果として通勤手当の支給がなかったとしても、局長通達第2の2の(1)の実費支給にあたるからです。

　根拠：労働者派遣法第30条の4第1項第2号イ
　　　　派遣労働者等に係るテレワークに関するQ&A（令和2年8月26日公表（令和3年2月4日更新））問5－3

海外在住の日本人を国内の派遣会社が雇用して国内の派遣先に派遣し、テレワークのみによる就業をさせることは可能ですか？

A 可能です。

　派遣社員についても、テレワークのみによる就業が認められているからです。

　根拠：派遣労働者等に係るテレワークに関するQ&A（令和2年8月26日公表（令和3年2月4日更新））問1－2

◆26　雇用保険

離職票の発行について、退職時に離職票の交付を希望する
かどうか確認し、希望者についてのみ離職票を発行するこ
とは問題ありませんか？

A　問題ありません。ただし、離職日に59歳以上の場合には、本人が
離職票の交付を希望しない場合であっても、離職票の発行が必要です。

　資格喪失届を提出する際に、本人が離職票の交付を希望しないときは、会
社は離職票発行のための手続きをしなくてもよいとされているからです。
　離職票の交付を希望したのに発行されなかったと言われる等のトラブルを
避けるためには、離職票の交付に関する希望の有無を記入した書面を提出さ
せる等、退職時に離職票の交付についての希望をしっかり確認することをお
すすめいたします。
　なお、退職時に離職票の交付を希望しなかった人についても、後日離職票
交付依頼があった場合には、発行しなければなりません。

　　　根拠：雇用保険法施行規則第7条第3項、第16条

自己都合で退職する派遣社員が、「会社都合にしてほしい」
と言った場合、具体的事情記載欄に「会社都合」と記載し
て離職票の発行手続きを行ってもいいですか？

A　「会社都合」と記載して離職票の発行手続きを行うことはできません。

　離職票の発行手続きについては、事実どおり行わなければならないからで
す。偽りの届出を行ったことによって失業等給付（基本手当）を受給した者

がいた場合、偽りの届出を行った事業主に対しても、連帯して返還等を命ずることができるとされています。

<u>根拠：雇用保険法第 10 条の 4 第 2 項</u>
<u>　　　雇用保険法施行規則第 7 条第 1 項</u>

派遣社員が契約更新にあたり、「今の派遣先とうまくいかないので派遣先を変えてほしい。」と申し出たのですが、引き続き当社で働き続けることは希望していました。この場合、離職票にはどのように記載することになりますか？

A 「契約期間満了」「労働者から契約の更新又は延長を希望する旨の申出があった」と記載することになります。

　派遣社員が契約の更新を希望しているかどうかは、今の派遣先で働き続けることを希望しているかどうかではなく、派遣社員を雇用している事業主である派遣会社で働き続けることを希望しているかどうかで判断することになるからです。

<u>根拠：雇用保険法第 10 条の 4 第 2 項</u>
<u>　　　雇用保険法施行規則第 7 条第 1 項</u>

派遣社員（雇用契約の更新・延長についての確約・合意なし、更新・延長しない旨の明示なし）が引き続き就業を希望していたにもかかわらず、仕事を紹介できず、契約期間満了で退職することになりました。この場合、支給要件をみたして、ハローワークが特定理由離職者にあたると認定すれば、会社都合に準ずる扱いとなりますか？

A　そのとおりです。

　特定理由離職者にあたれば、解雇等会社都合で離職した場合と同様に、待期期間7日のみで、給付制限期間がなく、失業等給付（基本手当）を受けられる日数も多くなるからです。

　特定理由離職者とは、派遣就業に係る雇用契約が終了し、雇用契約の更新・延長について合意形成がないが、派遣社員が引き続き派遣会社での派遣就業を希望していたにもかかわらず、派遣会社から雇用契約期間の満了日までに派遣就業を指示されなかったことにより、離職に至った者をいいます。

　　　根拠：雇用保険法第13条第3項
　　　　　　雇用保険法施行規則第19条の2
　　　　　　行政手引50305-2

雇用安定措置として個人単位の期間制限の抵触日前に新たな派遣先（合理的な範囲）を紹介しましたが、派遣社員が断って、契約期間満了で退職しました。この場合の離職票の記載はどうなりますか？

A　「a　労働者が適用基準に該当する派遣就業の指示を拒否したことによる場合」にチェックをつけることになります。

　「b　事業主が適用基準に該当する派遣就業の指示を行わなかったことによる場合」にチェックをつけると、雇用安定措置を講じた（事業主が適用基準に該当する派遣就業の指示を行った）事実と矛盾してしまうからです。

　　　根拠：労働者派遣法第30条第2項

◆ 27　社会保険

Q 109　雇用契約期間2カ月（更新される場合がある）、フルタイム勤務の有期雇用派遣社員の場合、いつから社会保険に加入することになりますか？

A　入社日から社会保険に加入することになります。

　フルタイム勤務で「1週の所定労働時間及び1月の所定労働日数が常時雇用者の4分の3以上」という社会保険の加入要件をみたし、かつ、適用除外（※）にもあたらないからです。

　※ここでいう適用除外とは、「2月以内の期間を定めて使用される者であって、当該定めた期間を超えて使用されることが見込まれないもの」のことです。最初の雇用契約の期間が2カ月以内であっても、雇用契約書において、「更新される場合がある旨」が明示されている場合は、「2月以内の雇用契約が更新されることが見込まれる場合」に該当するものとして、「当該定めた期間を超えて使用されることが見込まれないもの」にあたらないことから、入社日（最初の雇用期間に基づき使用され始めた時）に被保険者の資格を取得することになります。

　　根拠：健康保険法第3条第1項
　　　　　厚生年金保険法第12条
　　　　　短時間労働者に対する健康保険・厚生年金保険の適用拡大Q＆A集（令和4年10月施行分）問38

Q 110　雇用契約期間3カ月・フルタイム勤務で社会保険の加入要件をみたす有期雇用派遣社員が、入社3日目で退職しました。この場合、社会保険の加入を取り消すことができますか？

A　社会保険の加入を取り消すことはできません。

　社会保険の加入要件をみたすかどうかは、資格取得時である入社日において判断するからです。

> 根拠：健康保険法第 3 条第 1 項、第 35 条、
> 　　　厚生年金保険法第 12 条、第 13 条第 1 項

　10 月 31 日に入社し、社会保険に加入した場合の 10 月分の社会保険料は、日割り計算した 1 日分の社会保険料ですか？

A　1 カ月分の社会保険料です。

　社会保険料について日割り計算の概念はなく、月単位での徴収となるからです。そのため、10 月 31 日に入社し、10 月は 1 日しか被保険者でないとしても、10 月分の社会保険料 1 カ月分を 11 月に支給する給与から徴収することになります。

> 根拠：健康保険法第 156 条、第 167 条第 1 項
> 　　　厚生年金保険法第 19 条、第 81 条第 2 項、第 84 条第 1 項

　11 月 1 日に入社して社会保険に加入した派遣社員が、11 月 5 日に自宅で転んで足を骨折して入院することになった場合、傷病手当金が支給されますか？

A　傷病手当金には加入期間の要件がないため、以下の支給要件をすべてみたした場合は支給されます。

傷病手当金の支給要件
① 業務外の事由による病気やケガの療養のための休業であること
② 仕事に就くことができないこと
③ 連続する3日間（待期）を含み4日以上仕事に就けなかったこと
④ 休業した期間について給与の支払いがないこと

　　根拠：健康保険法第99条第1項

 社会保険に加入している派遣社員が、自宅で転んで足を骨折したために11月1日から欠勤し、11月3日に退職しました。この場合、傷病手当金は支給されますか？

A　支給されません。

　待期期間中に退職しており、「連続する3日間を含み4日以上仕事に就けなかったこと」との傷病手当金の支給要件をみたさないからです。

　　根拠：健康保険法第99条第1項

 傷病手当金は、同一の病気またはケガについて、支給開始日から起算して1年6カ月まで支給されますか？

A　支給開始日から「通算して」１年６カ月まで支給されます。

　たとえば、傷病手当金を１年間支給された派遣社員が、復職後３カ月間勤務した後、同一の病気で再び欠勤した場合は、残り６カ月間傷病手当金が支給されることになります。

　　　<u>根拠：健康保険法第 99 条第 4 項</u>

脳梗塞により１年６カ月間傷病手当金の支給を受けた無期雇用派遣社員が、その後足のケガのため、３カ月間休職することになりました。この場合、傷病手当金は支給されますか?

A　支給されます。

　脳梗塞と足のケガは、「同一の病気またはケガ」にあたらないからです。足のケガについて傷病手当金の支給要件をみたせば、支給開始日から「通算して」１年６カ月まで支給されることになります。

　　　<u>根拠：健康保険法第 99 条第 4 項</u>

派遣社員の雇用契約がいったん終了したのですが、近日中に新たな派遣先（雇用期間３カ月）を紹介する可能性があります。社会保険に加入したままにすることはできますか?

A　雇用契約終了後、１月以内に、次回の雇用契約（１月以上のものに限る。）が確実に見込まれる場合には社会保険に加入したままにすること

ができます。

　登録型派遣社員については、派遣就業に係る雇用契約終了後、最大1月以内に次回の雇用契約（1月以上のものに限る。）が確実に見込まれるときは、使用関係が継続しているものとして取り扱い、被保険者資格を喪失させないことができるとされているからです。

　　　根拠：平成27年9月30日保保発0930第9号年管管発0930第11号

◆ 28　育児休業・介護休業等

 「入社1年未満の者」を育児休業及び介護休業の対象外とすることはできますか？

A　労使協定を締結することによって、対象外とすることができます。

　育児・介護休業法上は「入社1年未満の者」についても育児休業及び介護休業の対象とされているため、対象外とするためには労使協定を締結する必要があります。

　　　根拠：育児・介護休業法第6条第1項ただし書、第1号、第12条第2項

「入社1年未満の者」について、育児休業は対象とするが、介護休業は労使協定を締結して対象外とすることは可能ですか？

A 可能です。

育児休業と介護休業は別々の制度であり、それぞれについて労使協定によって対象外とするかどうか決めることができるからです。

<u>根拠：育児・介護休業法第6条第1項ただし書、第1号、第12条第2項</u>

介護の場合も育児の場合同様、必ず短時間勤務制度を設けなければなりませんか？

A 必ずしも短時間勤務制度を設ける必要はありません。

介護の場合は、短時間勤務制度、フレックスタイム制度、始業または終業の時刻を繰り上げまたは繰り下げる制度（時差出勤の制度）、労働者が利用する介護サービスの費用の助成その他これに準ずる制度のいずれかの制度を設ければよいとされているからです。

<u>根拠：育児・介護休業法第23条第3項、</u>
<u>　　　育児・介護休業法施行規則第74条第3項</u>

◆29　ダブルワーク

 Q 120　別の会社ですでに雇用保険に加入して勤務しているＡさんが入社し、雇用保険の加入要件をみたした場合、加入することができますか？

A　両方の会社で雇用保険に加入することはできません。

　２つ以上の会社で勤務し、両方で加入要件をみたしても、雇用保険は１つの会社（生計を維持するのに必要な主たる賃金を受ける雇用関係にある会社）でしか加入できないからです。

　　根拠：雇用保険制度Ｑ＆Ａ～事業主の皆様へ～Ｑ6
　　mhlw.go.jp/stf/seisakunitsuite/bunya/0000140565.html

Q 121　別の派遣会社で社会保険に加入して勤務しているＡさんが派遣社員として入社し、社会保険の加入要件をみたした場合、社会保険に加入する必要がありますか？

A　加入する必要があります。

　社会保険の加入要件は会社ごとに判断するため、ダブルワーカーが複数の会社で加入要件を満たす場合は、複数の会社で社会保険に加入することになるからです。この場合、保険料は複数の会社の報酬月額を合算して算出されますが、健康保険証を複数枚発行することはできないため、被保険者は、「健康保険・厚生年金保険被保険者所属選択・二以上事業所勤務届」を提出し、健康保険証が発行されることになる会社（主たる事業所）を選択する必要があります。会社が提出してくれることが多いですが、「健康保険・厚生年金保

険被保険者所属選択・二以上事業所勤務届」の提出義務は「被保険者」にあります。

<u>根拠：健康保険法施行規則第 37 条</u>
<u>　　　厚生年金保険法施行規則第 2 条</u>

◆30　労災

派遣社員が通勤災害で休業した場合も待期期間の 3 日間について、休業補償が必要ですか？

A　不要です。

労働基準法上の休業補償はあくまでも業務上のケガや病気（業務災害）に対する補償であり、通勤災害の場合に会社が休業補償を行う義務はないからです。

<u>根拠：労働基準法第 76 条第 1 項</u>

派遣社員が、作業着に着替えて更衣室から就業場所である工場へ敷地内を移動中に、フォークリフトにひかれてケガをしました。この場合は、業務災害にあたりますか？

A　業務災害にあたります。

　就業場所である工場へ敷地内を移動中に、フォークリフトにひかれたことは事業場の施設・設備や管理状況がもとで発生した災害といえるからです。

　　　根拠：業務災害について　東京労働局 Web

索　　引

著者紹介

■社会保険労務士法人すばる　人材ビジネスサポート部門

　　社会保険労務士法人すばる内の人材派遣業界に特化した部門。大手から中小、派遣事業を開始したばかりの会社まで様々な規模の派遣会社に対してコンサルティングを行っている。労務相談、個別労働関係紛争におけるあっせん代理、派遣社員特有の就業規則の作成、派遣法を中心とした労働関係諸法令の改正に関する情報提供、派遣の法定帳票類等の書面の整備に関するアドバイス、派遣事業の運営に関する相談、労働局の指導に関するアドバイス、IPO に関する労務コンプライアンス監査、派遣に関するセミナー・研修や派遣元責任者講習の講師、派遣事業の許可申請・許可更新代行、労働者派遣事業報告書の作成支援、助成金の申請代行など幅広く対応。派遣事業運営に関して一気通貫のサービスを提供できることが強み。

■講師として登壇したセミナーの実績（オンライン開催を含む）

エン・ジャパン株式会社／一般社団法人 日本経済団体連合会（経団連）／株式会社 manebi、顧問先オーダーメイドのセミナー等開催多数

■派遣元責任者講習の講師としての実績

労働新聞社／一般社団法人 日本人材派遣協会

■メンバー

香田 史朗（代表社員）／佐藤 敦規／小泉 慶和／青木 恵／和田 幸久

■事務所情報

〒 104-0031
東京都中央区京橋 3 − 12 − 4　マオビル 9 Ｆ

https://subaru-sr.jp/

私たちは、働くルールに関する情報を発信し、
経済社会の発展と豊かな職業生活の実現に貢献します。

労働新聞社の定期刊行物・書籍のご案内

「産業界で何が起こっているか？」
労働に関する知識取得にベストの参考資料が収載されています。

週刊 労働新聞

タブロイド判・16ページ　月4回発行

購読料：税込46,200円（1年）税込23,100円（半年）

労働諸法規の実務解説はもちろん、労働行政労使の最新の動向を迅速に報道します。

個別企業の賃金事例、労務諸制度の紹介や、読者から直接寄せられる法律相談のページも設定しています。　流動化、国際化に直面する労使および実務家の知識収得にベストの参考資料が収載されています。

最新の労働者派遣法改正に対応　派遣法を実務家の視点で解説！

労働者派遣法の実務解説

B5判・428ページ

税込2,200円

●本書は、派遣元責任者を主な対象として日々の実務に重点を置きつつ、必要な法律知識を過不足なく解説。同時に、派遣先や派遣労働者が法律内容を知る便利なガイドブックとなるよう編集しています。

また、当社主催の「派遣元責任者講習」指定テキストです。

上記のほか「出版物」多数　https://www.rodo.co.jp/

労働新聞社

労働新聞社	検　索

購読者が無料で利用できる

労働新聞 安全スタッフ 電子版

をご活用ください！

PC、スマホ、タブレットでいつでも閲覧・検索ができます

〒173-0022　東京都板橋区仲町29-9　TEL 03-3956-3151　FAX 03-3956-1611

実践Ｑ＆Ａ方式　人材派遣の実務

2023 年 11 月 10 日　初版

著　　　者　　社会保険労務士法人すばる　人材ビジネスサポート部門

発 行 所　　株式会社労働新聞社
　　　　　　　〒 173-0022　東京都板橋区仲町 29-9
　　　　　　　TEL：03-5926-6888（出版）　03-3956-3151（代表）
　　　　　　　FAX：03-5926-3180（出版）　03-3956-1611（代表）
　　　　　　　https://www.rodo.co.jp　　　pub@rodo.co.jp

表　　　紙　　辻　聡
印　　　刷　　株式会社ビーワイエス

ISBN 978-4-89761-953-8